Göttlich gekrönt

Eine geistliche Einführung
in die Tafelbilder des Hochaltars
im Freiburger Münster

im Auftrag des
c-punkt Münsterforums Freiburg
herausgegeben von Markus Aronica

Promo Verlag GmbH

Aussenseite mit den Weihnachtstafeln
Abbildungen Seiten 27, 30, 35, 38 (Predella 28–29)

Innenseite mit der Marienkrönung, Abbildungen Seiten 31–34

Rückseite mit der Kreuzigung, Abbildungen Seiten 39–41

Inhalt

Hinführung zur Kunst Hans Baldungs und zu den Texten 4

Wenn Gott die Menschen besucht 6
Die Weihnachtstafeln und die weiteren Bildmotive des Hochaltars im Licht der biblischen Schriften des Lukas
von Susanne Ruschmann

Weil Gott aus Maria Mensch geworden ist 19
Die weihnachtlichen Tafeln von der Verkündigung bis zur Flucht nach Ägypten
von Wolfgang Hug

Den letzten Blick geschenkt bekommen 42
Die Bildtafeln der Kreuzigung Jesu Christi
von Katharina Seifert

Von Gott in die Mitte genommen 53
Die Bildtafeln der Aufnahme und Krönung Marias im Himmel
von Markus Aronica

Hinführung zur Kunst Hans Baldungs und zu den Texten

Auf der Rückseite der Bildtafeln über dem Freiburger Hochaltar hat sich ihr Künstler selbstbewusst in einem Porträt dargestellt, Jahreszahl und Signatur hinterlegt und in einer Inschrift herausgehoben: „Johannes Baldung, genannt Grien, der Gemündener, schuf dies mit Gottes Willen und durch seine Tüchtigkeit."
Von dem bedeutenden oberrheinischen Maler sind nur wenige Lebensdaten bekannt. Er kam aus Gmünd und lebte hauptsächlich in Straßburg, wo zahlreiche Ärzte, Juristen und Universitätslehrer seiner Familie tätig waren. Hans Baldung war hoch gebildet und hatte gute Kontakte zu Humanisten und Reformatoren. Seinen Beruf wählte er aus Neigung, nicht, wie damals üblich, weil er einer Malerfamilie entstammte. Entsprechend frei und kreativ ging er mit der Kunst seiner großen Vorbilder um. Wie man stilkritisch nachweisen kann, ist er ein herausragender Schüler Albrecht Dürers.
Als verheirateter, noch junger Künstler kam er etwa 27-jährig für fünf Jahre nach Freiburg, um hier mit einer eigenen Werkstatt und Schülern den Hochaltar zu gestalten. Möglicherweise haben ein Bruder und ein Vetter, die an der Universität lehrten, den hoch bezahlten Auftrag vermittelt. Die Zeit in Freiburg gilt als eine sehr produktive Zeit Baldungs. Themen seiner Kunst sind das Marienleben und Kindheitsgeschichten Jesu, die Passion und Martyrerlegenden, Porträtmalerei, aber auch Verführungs-, Hexen- und Todeszauber. Er starb 1545 in Straßburg als engagierter und angesehener Bürger.

Ein Kunstwerk löst sich immer auch vom Künstler und entfaltet ein Eigenleben bei seinen Betrachtern. Dies gilt besonders dann, wenn die Bildmotive biblisch oder legendarisch sind. Das Bild steht ja unter der Autorität seiner Textvorlage, deren Deutung wiederum in verschiedenen Zeiten und von verschiedenen Menschen mit unterschiedlichen Schwerpunkten vorgenommen wird.
Die geistlichen Betrachtungen in dieser Broschüre bringen vier verschiedene spirituelle Betrachtungsweisen ins Gespräch mit der Kunst Hans Baldungs. Bei unseren Bildmeditationen entlang der Schriften des Evangelisten Lukas entdeckten wir persönlich und gemeinsam Impulse für Leben und Glauben heute. In welcher Reihenfolge man die Beschreibungen der Bilder liest, ist gleichgültig. Es ist sogar zu empfehlen, mit der Bildseite zu beginnen, die gerade vor Augen steht.

Als kunstgeschichtliche Grundlegung für die geistlichen Überlegungen diente der wissenschaftliche Ausstellungskatalog des Augustinermuseums „Hans Baldung Grien in Freiburg" aus dem Jahr 2001 (hg. v. d. Stadt Freiburg im Breisgau, Saskia Durian-Ress). Für das c-punkt Münsterforum haben Susanna Czech-Lepold und Michaela Elbs die Autoren im Blick auf die endgültige Textgestalt beraten.

Unser Dank gilt dem Promo Verlag und seinen Mitarbeiterinnen und Mitarbeitern für ihr großes Engagement für die Broschürenreihe zum Freiburger Münster sowie dem Augustinermuseum für die großzügige Überlassung seines Bildmaterials von Hans-Peter Vieser und der Detailaufnahmen von Christoph Müller.

Hochaltar mit Silberaufsatz und Bildtafeln in der Osterzeit

Wenn Gott die Menschen besucht

Die Weihnachtstafeln und die weiteren Bildmotive des Hochaltars im Licht der biblischen Schriften des Lukas

von Susanne Ruschmann

Die Bildtafeln des Hochaltars im Freiburger Münster von Hans Baldung Grien zeigen biblisch und frömmigkeitsgeschichtlich überlieferte Szenen aus dem Leben Marias, der Patronin des Münsters: die Verheißung ihres Kindes, ihre Begegnung mit Elisabeth, die Geburt Jesu, die Wüstenwanderung der Heiligen Familie, ihr Ausharren unter dem Kreuz Jesu und ihre Krönung im Himmel. Diese Lebens- und Glaubensstationen Marias stehen alle im Zusammenhang mit ihrem Sohn Jesus, insbesondere mit dem Anfang und Ende seines Lebens. Insofern drückt sich in den nachgezeichneten Szenen des Lebens Marias auch die biblische Glaubensbotschaft von Gott und Jesus Christus aus. Der Marienaltar Hans Baldungs verkündet somit unabhängig von den persönlichen Absichten des Künstlers eine Art Evangelium, eine christliche Frohbotschaft entlang dem Leben Marias.
Diese lädt dazu ein, die Bilder des Hochaltars mit Textvorlagen aus dem Neuen Testament zu vergleichen. In unserem Autorenkreis haben wir beschlossen, diesen Vergleich einmal vorzunehmen. Uns leitet dabei die Absicht, die Darstellungen Baldungs im Licht der biblischen Texte auf andere Weise zum Leuchten zu bringen, als dies durch eine allein kunstgeschichtliche Erläuterung geschehen kann. Zugleich finden wir es aber auch reizvoll, mithilfe der Bilder Hans Baldungs wiederum auf die biblischen Texte zu blicken, um, geführt von Baldungs Pinselstrich, auch in ihnen neue Konturen zu entdecken.
Wenn für diesen Vergleich im Folgenden das Lukasevangelium und die Apostelgeschichte herangezogen werden, so soll damit keineswegs behauptet werden, dass dies die einzigen oder auch nur die wichtigsten Vorlagen für Baldung gewesen seien. Leicht wäre zu zeigen, dass er sich auch durch andere biblische Texte, von Kunstwerken mit ähnlichen Motiven und nicht zuletzt von seinem eigenen Ausdruckswillen inspirieren ließ. Ich möchte hier daher unabhängig von den historischen Absichten des Künstlers einige Parallelen zwischen der Kunst Hans Baldungs und der Kunst des Evangelisten Lukas aufzeigen. Dabei orientiere ich mich an den biblischen Texten, möchte aber dazu ermuntern, ausgehend von deren Nacherzählung die Bildtafeln zu betrachten und eigene Beobachtungen zu sammeln.

Warum vergleichen wir Hans Baldung ausgerechnet mit Lukas? Dies liegt schon deshalb nahe, weil kein anderer Evangelist ein so ausgeprägtes Porträt von Maria entwirft wie Lukas. So sind drei der vier Weihnachtsszenen, die Baldung gestaltet hat – die Verheißung der Geburt Jesu an Maria durch den Erzengel Gabriel, der Besuch Marias bei ihrer Verwandten Elisabeth und die Geburt Jesu im Stall – ausschließlich im Lukasevangelium zu finden. Zudem greift seine Darstellung des Heiligen Geistes – als Taube auf der Krönungstafel und in der Verkündigungsszene sowie als Feuerzungen über den Häuptern der Apostel – ein typisch lukanisches Thema auf. Darüber hinaus bietet sich Lukas für einen Vergleich mit der Kunst Hans Baldungs an, weil er als „Maler" unter den Evangelisten gilt: Wie kein anderer Evangelist erzählt Lukas das Leben und Wirken Jesu in lebendigen, plastischen Szenen. Was er über Jesus verkünden will, malt er seinen Lesern so anschaulich vor Augen, dass sie sich in die Ereignisse, die er schildert, hineinversetzt fühlen. Viele der bis heute aus Erzählungen bekannten „Bilder" des Lebens und Wirkens Jesu stammen von Lukas: die berühmte Weihnachtsszene mit dem Kind in der Krippe, die Gleichnisse vom barmherzigen Samariter, vom verlorenen Sohn, vom verlorenen Schaf; die ungleichen Schwestern Maria und Martha; der Zöllner Zachäus, der auf einen Baum steigt, um Jesus besser sehen zu können; die beiden Jünger, die sich an Ostern auf den Weg nach Emmaus machen.
Wer aber war dieser Lukas, von dessen bildhafter Erzählkunst sich vielleicht auch Hans Baldung Grien hat beeindrucken lassen?

Entstehung und Botschaft der lukanischen Schriften

Lukas war ein griechisch gebildeter Christ nichtjüdischer, also heidnischer Herkunft. Er und die Gemeinde, für die er schrieb, lebten vermutlich außerhalb Palästinas, jedoch im Römischen Reich und in griechischer Kultur. Wie die anderen Evangelisten war auch Lukas kein Augenzeuge Jesu. Seine beiden Werke, das Evangelium und die Apostelgeschichte, schrieb er ungefähr in den Jahren 80 bis 90 nach Christus. Im Evangelium erzählt er von Jesu Leben, Wirken, Tod und Auferstehung. In der Apostelgeschichte geht es ihm darum, das Leben und die Ausbreitung der ersten christlichen Gemeinden zu schildern, das Wirken der Apostel, besonders von Petrus und Paulus. Als Lukas sein Evangelium verfasste, gab es schon das Markusevangelium. Lukas kannte es und benutzte es als Textvorlage. Als weitere Quelle diente ihm eine Sprüchesammlung Jesu, welche auch Matthäus für sein Evangelium verwendete. Darüber hinaus aber hat das Lukasevangelium eine große Fülle von eigenem Stoff: Einige seiner anschaulichen Erzählungen wurden eben schon genannt. Besonders zu erwähnen ist, dass nur er uns von der Geburt Jesu im Stall, von

den Hirten auf dem Feld und vom zwölfjährigen Jesus im Tempel erzählt. Lukas ist aber auch der einzige, der die Himmelfahrt Jesu und den Pfingsttag mit Sturm, Feuerzungen und der Rede des Petrus überliefert.
Lukas hat den Stoff, der ihm vorlag, stark bearbeitet. Zum einen prägt er ihn durch seine sprachliche Gewandtheit und Erzählkunst. Zum anderen ist es ihm ein Anliegen, die Ereignisse des Lebens Jesu in die Ereignisse der Weltgeschichte einzubetten. Er will zeigen, dass

KRÖNUNGSTAFEL, HEILIG-GEIST-TAUBE MIT ENGELN IM HINTERGRUND

die Geschichte Gottes mit den Menschen in Jesus von Nazareth Teil der Menschengeschichte geworden ist: Jesus gehört zur Geschichte Palästinas und des damaligen Römischen Reiches, er kam unter der Herrschaft des Kaisers Augustus zur Welt.

Lukas verkündigt in seinen Schriften, dass der Gott Israels, der „Gott in der Höhe", in Jesus die Menschen auf Erden aufgesucht hat und ihnen mitten in der Welt, mitten in der Geschichte, auf Augenhöhe begegnet ist. Er glaubt, dass Gott in Jesus in die Niedrigkeit allen Menschseins „heruntergekommen" ist, um allen, Juden wie Heiden, seine wohlwollende Liebe ganz nah entgegenzubringen. Denn Gott, davon ist Lukas überzeugt, liebt die Menschen so, wie sie sind, in aller Fehlerhaftigkeit und Friedlosigkeit. Er will, dass jede und jeder Einzelne am eigenen Leib und mitten im eigenen Leben erfährt, wie heilvoll, tröstend und lebensspendend Gottes Liebe ist.
Sein Evangelium stellt vor allem jene in den Mittelpunkt, die in der damaligen Welt am Rand standen: die Armen, Ausgegrenzten, Sünder. An sie wendet sich Jesus bei Lukas in besonderer Weise, und sie verstehen ihn auch am besten. Gerade an den so genannten „kleinen Leuten" ohne Ansehen und Einfluss zeigt Lukas, wie lebensverändernd Gottes Liebe sein kann: Wo sich ein Mensch ihr öffnet, wo

er den „Besuch“ Gottes in seinem Leben annimmt, da kehren sich alle bisherigen Lebensverhältnisse um: Da wird ein unbedeutendes galiläisches Mädchen namens Maria zur Mutter für Gottes Sohn; da kommt der Messias, der Retter der Welt, als unscheinbares Arme-Leute-Kind zur Welt; da werden diejenigen selig gepriesen, die arm und hungrig sind, weil gerade ihnen Gottes Reich gehört.
Doch dieser Einbruch der so anderen Ordnung Gottes in die Welt der Menschen mutet ihnen auch einiges zu: Sie sind dazu herausgefordert, Gottes umwälzende Ankunft in ihrem Leben zuzulassen, seine Liebe und Vergebung anzunehmen und untereinander ebenso versöhnt und liebevoll zu leben, wie Jesus es vorgelebt hat. Mit Geschichten wie derjenigen vom betrügerischen Zöllner Zachäus, bei dem Jesus zu Gast sein will, macht Lukas deutlich: Es braucht das Ja der Menschen, damit Gottes Reich wachsen kann. Es braucht wie bei Zachäus den Entschluss, Jesus willkommen zu heißen und sich von seinem Besuch umkrempeln zu lassen, fortan nicht mehr auf Kosten anderer zu leben, sondern denen, die bisher betrogen wurden, den Verlust vierfach zurückzuzahlen (Lk 19,1–10).
Wie das Zusammenleben in dieser neuen Ordnung Gottes aussehen kann, malt Lukas in der Apostelgeschichte aus: „Ein Herz und eine Seele“ sei die erste Christengemeinde in Jerusalem anfangs gewesen, alle hätten alles mit allen geteilt, niemand sich bereichert (Apg 4,32–37). Zwischen diesen idyllischen Zeilen lässt sich freilich erahnen, dass das gemeinschaftliche Leben der Gläubigen zur Zeit des Lukas keineswegs mehr so ideal aussah. Wohl gerade deshalb besteht die Grundbotschaft seiner beiden Werke in der Ermutigung, diese so andere, heil- und friedvolle Welt Gottes im eigenen Leben wirksam werden zu lassen – jetzt und hier, im jeweils aktuellen „Heute“. Er ist davon überzeugt, dass für seine Zeitgenossen, aber auch für die späteren Leser seiner Schriften dieses Heil gegenwärtig ist. Auch wenn es sich inmitten aller Ungerechtigkeit und Bedrängnis der jeweiligen Zeit bisweilen so anfühlen mag: Sie sind keineswegs „von allen guten Geistern verlassen“, sondern sind erfüllt vom Heiligen Geist, den Jesus ihnen weitergab, der nun in ihren Herzen wohnt und sie selbst zur Wirkstätte von Gottes Heil macht.

Das Lukasevangelium hat eine Ouvertüre

Die Grundgedanken seiner Theologie führt Lukas wie Leitlinien durch seine beiden Werke, erläutert sie mit Beispielen, setzt sie mit Vorbildern anschaulich in Szene. Ein besonders wichtiges Vorbild ist für ihn Maria. Sie spielt zu Beginn seines Evangeliums eine besondere Rolle, denn in den ersten beiden Kapiteln lässt Lukas wie in der Ouvertüre eines Musikstückes alle wesentlichen Themen dessen anklingen, was er über Gott und die Menschen aussagen will.
In dieser Ouvertüre, die kunstvoll komponiert ist, parallelisiert er die

Geburtsverheißung und Geburt Johannes des Täufers mit derjenigen Jesu. So wird Johannes der Täufer zum „Auftakt" der Geschichte Jesu: Er ahnt ihn voraus und unterstreicht so die Bedeutung dessen, was sich mit Jesus zwischen Mensch und Gott ereignet. Die Geschichten und die literarisch kunstvollen Liedgedichte dieser Ouvertüre sind nicht nur mit einer musikalischen Komposition vergleichbar. Sie ähneln sogar einem mehrgliedrigen Gemälde, einem Flügelaltar mit Bildern von Johannes dem Täufer und Jesus. Wir betrachten hier nur die Szenen näher, in denen Maria im Mittelpunkt steht. Sie sind ja schließlich zu Motiven der Weihnachtstafeln Hans Baldungs geworden.

Das Ankommen Gottes bei den Menschen beginnt für Lukas mit dem stürmischen Besuch des Erzengels Gabriel bei einem jungen unverheirateten Mädchen in Nazareth. Lukas schildert uns diese Begegnung zwischen Maria und dem Engel in einer besonderen Form: Er

PETRUSTAFEL, FEUER ÜBER DEM HAUPT EINES APOSTELS

Verkündigungstafel, Maria und Erzengel Gabriel

verwendet eine Erzählstruktur, mit der auch die Berufungen alttestamentlicher Propheten erzählt wurden. So stellt er Maria in eine Reihe mit Mose, Jeremia und anderen wichtigen Personen der Geschichte Israels. Gabriel, der Maria die göttliche Berufung überbringt, hatte zuvor schon dem Zacharias die Geburt seines Sohnes Johannes verheißen (Lk 1,5–22) und erscheint erstmals im alttestamentlichen Buch Daniel, wo er das apokalyptische Weltende ankündigt (Dan 8,16–27). Dass Maria beim Gruß Gabriels zunächst erschrickt, ist daher gut verständlich: Sein Erscheinen konnte nach damaliger Überzeugung nichts anderes bedeuten, als dass nun die Zeitenwende beginnt. Doch Gabriel offenbart Maria, dass diese Wende keineswegs das Ende der Welt, sondern einen Neuanfang zwischen Gott und Mensch bedeutet. Er verheißt ihr, dass sie ein Kind empfangen werde, welches Sohn Gottes genannt werden wird. Wie in einer Berufungserzählung üblich, fragt Maria zurück, wie das denn geschehen könne. Der Engel verheißt ihr, dass die Kraft Gottes, der Heilige Geist, sie erfüllen werde. Denn, so die Zusage Gabriels: „Für Gott ist nichts unmöglich." Maria nimmt ihre Berufung an. Sie lässt sich auf das Wagnis ein, das Gott mit ihr vorhat: „Mir geschehe, wie du es gesagt hast." So wird Maria zum Einfallstor für den Gott aus der Höhe, der nun als kleines wehrloses Kind den Menschen nahe kommen will.

Kaum hat Maria ihr Ja gesprochen, schildert Lukas, welch umwälzende Veränderung damit beginnt. Maria, alleinstehend und schwanger, macht sich entgegen aller gesellschaftlichen Konvention freudig auf den Weg ins Bergland von Judäa, um ihre Verwandte Elisabeth zu besuchen, die mit Johannes dem Täufer schwanger ist. Lukas will wohl sagen: Wer sich von Gott erfüllen lässt, gerät in Bewegung, sucht Begegnung, will weitergeben, was in ihm, in ihr zu wachsen beginnt.

Die Begegnung von Maria und Elisabeth ist für Lukas das Zentrum der Evangeliumsouvertüre: In ihr begegnen sich nicht nur Johannes und Jesus im Leib ihrer Mütter. In ihr zeigt Lukas auch, wie sehr Gottes Geist in Maria schon wirkt, wie sehr sie jetzt schon „Geburtshelferin" der umwälzenden Gottesordnung ist, die mit Jesus in die Ordnung der Welt einbricht. Als Elisabeth Maria sieht, wird auch sie mit Heiligem Geist erfüllt und preist sie selig, weil sie „geglaubt hat, was der Herr ihr sagen ließ". Maria besingt daraufhin im Magnifikat das Handeln Gottes, das sie erfahren durfte: Er ist ihr zum Retter geworden, weil er sie in aller Niedrigkeit angeschaut und erwählt hat. Sie weiß: Er hat Großes an ihr getan. Wie groß freilich seine Tat ist, deren Anfang sie nun unter dem Herzen trägt, kann auch sie nur erahnen. Doch sie spürt: Wo Gott so handelt, wie sie es erfahren hat, da wird nichts bleiben, wie es war, sondern alles geradezu revolutionär auf den Kopf gestellt. So, wie in ihr, dem einfachen Mädchen aus Nazareth, göttliche Lebenskraft zu wachsen begonnen hat, so werden durch seinen liebenden Blick alle groß, die klein und niedrig waren. Wo Gott wie bei ihr Raum gewinnen darf, wird er sich aller erbarmen, die unterdrückt, arm und hungrig sind. Die aber, die bisher „oben" waren und sich über die Kleinen stellten, die wird er entmachten. Denn wo Gott die Menschen aufsucht, da kehren sich alle Verhältnisse um – ja, da wendet sich die Zeit, weil Gott sich klein macht und den Menschen groß. Was Maria in ihrem Revolutionslied prophetisch verkündet, ist nichts anderes als die Botschaft, die ihr Sohn in Wort und Tat den Menschen vorleben wird: dass Gottes Reich angebrochen ist, dass Gottes erbarmende Liebe die Menschen mitten in ihrem Leben aufsucht.

Wie sehr Gottes Ankunft bei den Menschen das weltliche Machtsystem durchbricht, demonstriert Lukas schließlich in der Erzählung der Geburt Jesu (Lk 2,1–20). Er beginnt feierlich und zugleich provokativ mit dem Befehl des Kaisers Augustus, im ganzen Römischen Reich eine Volkszählung durchzuführen. Der große Kaiser in Rom ist verantwortlich für den „Rahmen" von Jesu Geburt. Mitten im Hoheitsgebiet des mächtigsten Herrschers der Welt wird in einem schäbigen Stall in der Provinz ein Kind geboren, das alle Vorstellungen von Herrschaft und Macht auf den Kopf stellen wird. Armselige Hirten auf dem Feld sind die Ersten, die aus dem Mund der Engel die provozierende Botschaft empfangen: „Heute ist euch in der Stadt Davids der Retter geboren. Er ist der Messias, der Herr!" Jedes Wort dieser Verheißung ist unerhört. Denn was Lukas den Hirten verkünden lässt, klang für damalige Ohren durchaus bekannt – doch es galt einem ganz anderen: dem Kaiser in Rom. Er, Augustus, ließ sich Retter und Heiland nennen. Alle Völker mussten Jahr für Jahr seinen Geburtstag als den Tag feiern, an dem „dieser Mann uns und den kommenden Geschlechtern als Heiland gesandt" wurde. Er wird „jedem Krieg ein Ende setzen und alles herrlich machen". Mit seinem Geburtstag „beginnt für die Welt das Evangelium, das sich mit

HEIMSUCHUNGSTAFEL, MARIA

seinem Namen verbindet" (Inschrift von Priene, 9 vor Chr.). Nun aber soll ein kleines Kind in einem Futtertrog wahrhaft Retter und Heiland sein, den Menschen „Frieden auf Erden" bringen? – Lukas erzählt, dass sich die Hirten auf den Weg zum Stall machen, um sich dieser unerhörten Wahrheit zu vergewissern. Sie finden alles so, wie es die Engel verkündet haben, und wissen nun: In diesem Kind ist Gott zu den Menschen heruntergekommen. Nicht, um die Welt zu beherrschen wie der Kaiser in Rom, sondern um sie von unten her mit seiner wehrlosen und doch so machtvollen Liebe zu erlösen.

Das Leben und Wirken Jesu in den Lukasschriften

Im weiteren Verlauf des Evangeliums entfaltet Lukas, wie Jesus wirklich als Heiland der Armen und Retter der Unterdrückten auftritt: Er sammelt Fischer und Zöllner um sich, lässt sich von einer Prostituierten die Füße salben. Er illustriert mit lebhaften Bildern, wie Gott sich den Menschen zuwendet: wie ein barmherziger Vater, der seinen „verlorenen Sohn" in die Arme schließt; wie ein Hirte, der 99 Schafe zurücklässt, um das eine zu suchen, das sich verirrt hat.

Geburtstafel, Kind und Maria

Lukas erzählt aber auch, was mit den Menschen geschieht, die sich Jesus zuwenden und, wie zu Anfang Maria, dem menschgewordenen Gott in ihrem Leben Raum geben: Ein blinder Bettler, dem Jesus das Augenlicht wiedergibt, kehrt ins Leben zurück und wird Jünger Jesu. Zachäus, der einstmals skrupellose Zöllner, verschenkt seinen Reichtum, weil er erkannt hat, was wirklich zählt. Wer Jesus begegnet, in dem erwacht nicht nur ein selbstkritischer Blick auf die eigenen Fehler und Grenzen, sondern auch eine geradezu göttliche Hellsichtigkeit dafür, was lebensspendend, gemeinschaftsfördernd, gerecht ist. Wer Gott in sich Raum gibt, wächst, wie zu Anfang Maria, zu besonderer innerer Stärke heran, in der er auch anderen neu begegnen kann: mit liebevollem Verzeihen wie der barmherzige Vater, mit erbarmendem Mitleid wie der Samariter, der dem verwundeten Fremden das Leben rettet.
Besonders wichtig ist für Lukas, dass sich die Menschen ihren eigenen Stolz, die Herzenshärte, die Angst, zu kurz zu kommen, eingestehen und loslassen. Er ist überzeugt: Wer wirklich die Begegnung mit Jesus, dem menschgewordenen Gott, wagt, der gewinnt die Kraft zu dieser Umkehr. Aber er muss sie selbst vollziehen. Eindrücklich unterstreicht er diesen Appell am Ende des Lebens Jesu: Als einziger Evangelist schildert Lukas einen Dialog zwischen Jesus und den beiden Verbrechern, die mit ihm gekreuzigt werden. Der eine verspottet Jesus. Der andere gesteht, dass er zu Recht zum Tod verurteilt ist, und bittet Jesus um Fürsprache bei Gott. Diesem verheißt Jesus: „Heute noch wirst du mit mir im Paradies sein."
Auch nach Jesu Tod ist Gott bei den Menschen. Nicht nur, weil Jesus den Tod überwunden und sich als Lebender offenbart hat. Sondern auch, weil Jesus seinen Jüngerinnen und Jüngern göttlichen Beistand verheißen hat, der für immer bei ihnen bleibt: den Heiligen Geist. Am Pfingsttag, von dem Lukas zu Beginn der Apostelgeschichte erzählt, kommt dieser Geist Gottes wie Feuerzungen auf die Apostel, auf Maria und viele andere herab. Mit der Verheißung der „Kraft aus der Höhe" an Maria begann alles, und nun wird diese Kraft noch einmal gesandt, um dauerhaft in allen zu wirken, die Gottes lebendige Gegenwart im Herzen tragen. Sie erfüllt die, die im Namen Jesu unterwegs sind und seine Botschaft verkünden. Sie wirkt in jenen, die nun die ersten Gemeinden gründen und miteinander die neue göttliche Ordnung der Gerechtigkeit und Liebe zu leben versuchen.

Von Lukas zu Hans Baldung Grien

Wir wollen nun mit einem an Lukas geschärften Blick auf die Tafeln des Marienaltars von Baldung blicken. An den unterschiedlichen Darstellungen Marias lässt sich ablesen, wie Gottes Besuch den Menschen von innen heraus verändert und reifen lässt (vgl. den Beitrag von Wolfgang Hug).

Am Anfang ihres Wegs mit dem menschgewordenen Gott macht sie sich in den Tafeln der Verkündigung und der Begegnung mit Elisabeth Gottes Plan zu Eigen. Sie hat das dankbare Selbstbewusstsein einer Frau, die erfahren hat, dass Gott die Niedrigen erhöht: „Der Mächtige hat Großes an mir getan. Von nun an preisen mich selig alle Geschlechter."

Im Geburtsbild ist Marias Gesicht ganz vom göttlichen Licht ihres Sohnes erleuchtet. Dieses erhellt von unten her die Szene im Stall und bildet den tiefsten Lichtpunkt aller vier Weihnachtstafeln. Das von unten her erleuchtete Antlitz Marias drückt symbolisch aus, wie die Menschen im Widerschein des „heruntergekommenen" Gottes neues Ansehen erhalten.

Im Reisebild stellt sich Maria vertrauensvoll den Herausforderungen, die mit dem göttlichen Kind in ihr Leben kamen. Der Höhepunkt ihres Reifungsprozesses ist schließlich im Krönungsbild zu entdecken: Sie ist von Gott Vater und Gott Sohn in die Mitte genommen und wird von ihnen als Königin gekrönt. Die Kraft aus der Höhe, von der sich das einfache galiläische Mädchen überschatten ließ, hat Maria zu

KREUZIGUNGSTAFEL, REUIGER VERBRECHER UND JESUS

Krönungstafel, Maria

einer starken, gotterfüllten Frau reifen lassen. Ja mehr als das: Die Kraft aus der Höhe hat sie nun selbst in die Höhe erhoben. Sie, in der Gott Mensch geworden ist, wird nun göttlich gekrönt.
Wo Menschen wie Maria beginnen, Gott in sich Raum zu geben, da wachsen sie zu wahrer Größe. Wo wir wie Maria in uns Gott zur Geburt kommen lassen, da nimmt uns Gott selbst in seine Mitte.

Literaturhinweise

Wilhelm Bruners, Das Gespräch mit dem Engel, Biblische Begegnungen, Kevelaer 2002.
Marie-Louise Gubler, Der Name der Jungfrau war Maria, Rückbesinnung auf die biblische Botschaft, Mainz 1989.
Hermann-Josef Venetz, Der Evangelist des Alltags, Streifzüge durch das Lukasevangelium, Freiburg (Schweiz) 2000.

Weil Gott aus Maria Mensch geworden ist

Die weihnachtlichen Tafeln von der Verkündigung bis zur Flucht nach Ägypten

von Wolfgang Hug

Der Hochaltar des Freiburger Münsters präsentiert sich vom 1. Advent bis zum 2. Februar als Wandelaltar in „geschlossener" Form. Er hat vier Flügel im Hochformat: fast drei Meter hoch und nur gut einen Meter breit. Sie zeigen von links nach rechts die Verkündigung an Maria, ihre Begegnung mit Elisabeth, die Geburt Jesu und die Wüstenwanderung der Heiligen Familie.
Darin liegt das Einzigartige, das Besondere des christlichen Glaubens, dass Gott zur Welt gekommen ist, mit und durch Maria. Christen ist es aufgegeben, diese Glaubenswahrheit zu begreifen. Dabei wird jede und jeder seine ganz persönliche innere Erfahrung gewinnen und sich „sein eigenes Bild machen". Wie Hans Baldung seine innere Erfahrung von der Menschwerdung des Gottessohnes zu Bildern gestaltet hat, eben dies zeigen die vier „Weihnachtstafeln" des Hochaltars.

Die Verkündigung an Maria

Das erste Ereignis, das uns der Maler von der Inkarnation sehen lässt, nennt man seit alters her die „Verkündigung. Sie findet hier in einem Raum statt, der unbegrenzt bleibt. Die Szene bekommt durch den breiten Lichteinfall der Sonne von rechts oben zwischen zwei Säulen hindurch schräg nach unten ihre Tiefenwirkung. Doch spielt sich die Hauptsache ganz im Vordergrund ab. Die „Hauptpersonen" sind zum Greifen nah. Der Erzengel Gabriel ist hereingestürmt, seine Haare flattern wild und sein rechter Flügel steht weit aufgebläht. Noch ist der Sturm zu spüren, der auch den dunkelroten Vorhang des Baldachins aufwühlt. Der Engel hält in der linken Hand den Botenstab als „An-

Verkündigungstafel, Kerze, Maiglöckchen und Gefäss

VERKÜNDIGUNGSTAFEL, MARIA MIT JÜDISCHER BIBEL

gelus", als Bote aus dem Himmel, dem Jenseits, vom Gottesreich her kommend. Er kommt zu weit mehr als zu einem freundlichen Besuch. Die rechte Hand hebt er zum Schwur, um die Wahrheit seiner Botschaft zu bezeugen. Maria erscheint als junges Mädchen. Sie soll kaum 15 Jahre alt gewesen sein, als sie schwanger wurde. Der Sturm des Engels weht ihr entgegen. Im windbewegten Gesicht wirkt sie aufmerksam, aber abwartend stumm. Ihre Hände sprechen in bewegter Geste. Man darf sie, wie auch Marias Körperhaltung, als Zeichen eines jugendlichen Erschreckens, aber auch der erwartungsvollen Hingabe deuten. Offenbar bringt der Maler die Bereitschaft Marias zum Ausdruck, der Botschaft des Engels zu trauen, dass der Geist Gottes ihrem irdischen Kind die Göttlichkeit Gottes „einverleibt". Mit den Worten Gabriels: „Der Heilige Geist wird über dich kommen, die höchste Macht wird dich überschatten, das Kind wird heilig sein, denn es ist Gottes Sohn!"
Drei Lichtquellen durchleuchten die Szene. Der breite Lichtstrahl der Sonne betont die diagonale Komposition des Bildaufbaus, dem auch die Blickrichtung von Gabriel und Maria folgt. Das hellste Licht aber gießt die Taube aus: das Sinn- und Erscheinungsbild des Geistes. Der Geist Gottes ist es, der das Göttliche des Sohnes leibhaftig werden lässt und so Licht in die Welt bringt. Von der Seite schwebt oberhalb der Geisttaube ein Kind mit dem Kreuz herein. Ein sanfter

Hinweis auf das Schicksal dessen, den Maria zur Welt bringen darf und dessen Menschwerdung hier verkündet wird. Ein weiteres Licht, das indirekt wohl von einer Fens-ter- oder Türöffnung vor dem Vordergrund in das Bild hineinleuchtet, erhellt das Gesicht von Maria und von Gabriel und schimmert auf den Gewändern der beiden in weichen, vielfältig abgestuften Farbtönen.

Das Grün von Marias Kleid bringt das junge Leben zum Ausdruck, das in ihrem golden geschnürten Leib jungfräulich keimt.

Das Buch auf ihrem Bet- und Lesepult erinnert an ihre Vertrautheit mit dem „Alten" oder „Ersten" Testament, also mit der Gottsuche früherer Generationen. Auf dem Tisch sieht man über dem weißen Leinentuch (mit gotisch geflochtenem Kordelrand) Symbole des Glaubens: Das Maiglöckchen als Sinnbild für Christus. Ein großes und ein kleines Glasgefäß für Wein und Wasser sowie ein Goldglas zur Aufbewahrung von Hosten verweisen auf die später in der Kirche gefeierte Messfeier. Dabei steht ein Leuchter mit brennender Kerze; sie spendet Licht und verzehrt sich selbst vorausschauend wie Christus in seinem Leben und Sterben für die Menschen.

VERKÜNDIGUNGSTAFEL, ERZENGEL GABRIEL MIT HEILIG-GEIST-TAUBE

Der Engelsgruß des AVE entspricht dem griechischen Chaire – Sei gegrüßt, sei glücklich. Ergänzt und verstärkt wird der Gruß durch das Gratia plena: Du bist voller Anmut, Gnade und Segen. Doch der Engel fuhr fort: „Du wirst empfangen und einen Sohn gebären... Dieser wird groß sein und Sohn des Höchsten genannt werden..." Dass sich Maria dieser Zumutung nicht verweigerte, sondern als „Magd des Herrn" ihr Einverständnis gab, das hat die Menschheitsgeschichte radikal verwandelt. Aus der Sicht früherer Glaubensfrömmigkeit erfolgte in der Umkehr von EVA zu AVE die eigentliche Weltrevolution, nämlich die – allen Menschen mögliche – Wende von der Auflehnung gegen Gott durch EVA zur Anerkennung der heilbringenden Botschaft des AVE.

Die Heimsuchung

Wie Lukas erzählt, besuchte Maria gleich, nachdem sie schwanger wurde, ihre Verwandte Elisabeth, die schon „im sechsten Monat war" und blieb drei Monate bei ihr „daheim" (daher der Begriff „Heimsuchung"). Hier sehen wir indes zwei Frauen, die sich – beide hochschwanger – vor einer schroffen Gebirgslandschaft begegnen. Ihre Gestalten füllen fast das ganze Bildformat. So stellt Hans Baldung die Begrüßung von Maria durch Elisabeth, nicht den Aufenthalt bei ihr, als das eigentlich zentrale Ereignis dar. Hierbei wurde Maria begrüßt als herausgehoben Gesegnete, als „die Gebenedeite unter den Frauen", und hier sprach sie ihren kühnen Lobgesang des „Magnificat" (vgl. den Beitrag von Susanne Ruschmann).

HEIMSUCHUNGSTAFEL, ELISABETH UND MARIA

Das mädchenhafte Antlitz von Maria ist von makelloser Schönheit. Das goldbraune Haar fällt in langen Locken herab. Ein transparenter Schleier weht luftig darüber wie Streifen von Licht. Elisabeth wird als die deutlich Ältere dargestellt und mit der Haube (anders als Maria) als verheiratet gekennzeichnet. Ihr Gesicht drückt so etwas wie mütterliche Erfahrung aus. Die symbolreichen Kleiderfarben der Frauen leuchten in vielfacher Schattierung: blau für Glaubenstreue,

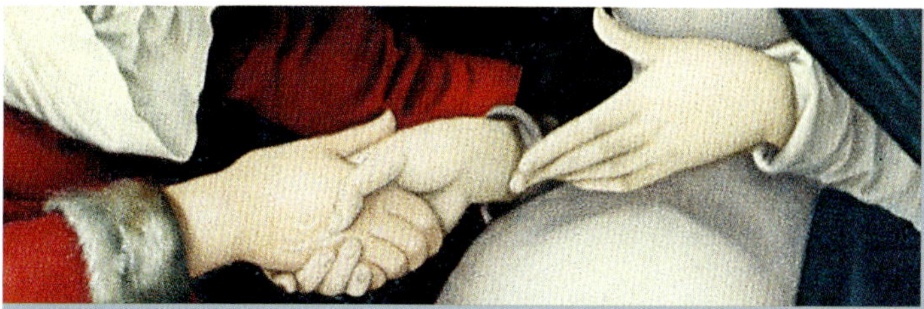

HEIMSUCHUNGSTAFEL, HÄNDE

weiß für moralische Reinheit, rot für Lebensfülle und Liebe. Die Bänder der weißen Haube, die Elisabeths Haar einhüllt, flattern wie ein verbindendes Zeichen zu Maria hinüber. Auch die Mäntel der beiden Frauen wehen übereinander. Ganz wunderbar sind die Hände der Frauen geformt. Maria streckt ihre hell und zart gemalte Linke zu einer verhaltenen Geste aus und reicht die rechte Hand Elisabeth zu einem kräftigen Händedruck. Was für ein Zeugnis der vertrauten und vertrauensvollen Begegnung und Zuneigung kommt in diesem innigen Gruß zum Ausdruck. Dabei geht es zugleich um die Verbundenheit zweier Generationen, ja zweier Zeitalter. In Elisabeth, der Mutter des Täufers Johannes, kann man dessen Bußbotschaft und Treue zum bisherigen jüdischen Gesetz vorausahnen, in Maria die Botschaft Jesu vom Gesetz der Liebe. Johannes und Jesus berühren sich hier gleichsam schon im vorgeburtlichen Zustand und verweisen aufeinander.

Die ganze Szene hat etwas Beschwingtes. Trotz ihrer fortgeschrittenen Schwangerschaft wirkt Maria leichten Fußes und fast so, als schwebe sie über den steinigen Weg. Die Berge erscheinen bei aller Klarheit des Morgenhimmels wie hingehaucht. Die zwei Frauen treffen sich unterwegs. Beide erwarten ein Kind, das mit seiner Botschaft von Gott die Welt verändern wird. So werden beide dadurch zu wunderschönen Frauen – in den Augen des Glaubens. Ihre Gottesbegegnung gibt ihnen Geist und Leben. Ihr Aufbruch zu einander wird auch als Sinnbild für die Christen verstanden, die auf dem Weg dem Heil entgegengehen, dessen Ankunft sie so erwarten wie die schwangeren Frauen die Niederkunft. Hasen als Symbol der Fruchtbarkeit bestärken ebenso wie der Morgenhimmel die „Mitwirkung" der Natur am Geheimnis der Menschwerdung Gottes.

HEIMSUCHUNGSTAFEL, HASE

Die Geburt Jesu

Geburtstafel, Maria

In Maria sieht die Christenheit die Frau, die das Göttliche im Irdischen angenommen und aufgenommen hat. Sie hat den, der als Gott erfahren wird, näher zur Welt und zu den Menschen gebracht. Ihr gelang es, „den Himmel zu erden", um eine Formulierung von Dorothee Sölle zu verwenden.

Hans Baldung stellt das Weihnachtsgeheimnis in den Kontrast von Dunkelheit und Licht. Das Dunkel kommt aus der Tiefe des Hintergrunds, der trotz des Ochsenschädels keinen Stall so recht erkennen lässt. Ganz vorn erstrahlt das Licht in vollem Glanz. Als seine Quelle leuchtet das Jesuskind in geradezu gleißendem Weiß. Nur durch seinen Schatten hebt sich das Kind vom Weiß des Windeltuches ab, das von putzigen Engelskindern in der Schwebe gehalten wird wie im Spiel. Das Kind streckt die Hände vertrauensvoll der Mutter entgegen.

Wer ließe sich nicht vom Liebreiz eines Babys entzücken? Wer geriete nicht vor dem Wunder der Geburt eines Kindes, eines neuen Menschen mit seinem ganzen genetischen Kosmos, ins Staunen? Aber nicht darum geht es hier. Baldung sieht die Ankunft des Gottessohnes in der Welt als den Durchbruch des Lichts, das die Finsternis der menschlichen Gewalt und des Krieges erhellt, wie es schon die Propheten Israels erwartet haben (Jes 9,1–11). Die Mensch-Werdung Gottes bringt der Welt und den Menschen die Erleuchtung zum Frieden.

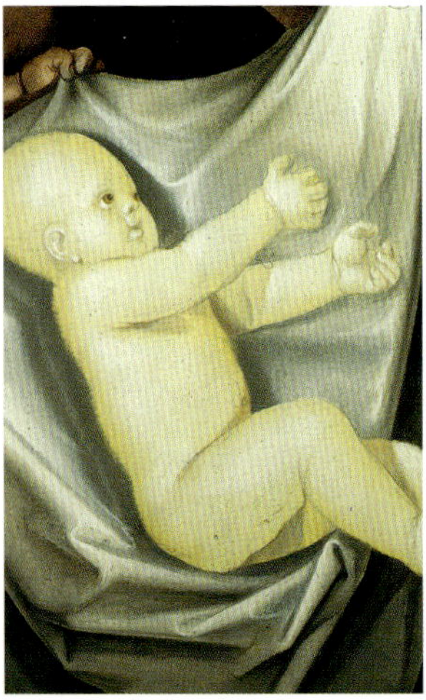

Geburtstafel, Kind

Fluchttafel, Schnecke

Joseph trägt ein rotes Kapuzengewand, eine typische Wanderkleidung. Sein Blick richtet sich innig, voller Güte und Bewunderung auf Maria, er scheint verliebt zu sein in sie. Über der Schulter trägt er den Wanderstock, an dem ein Wassergefäß baumelt. Links hat Joseph einen Rosenkranz in der Hand. Ist das Ehepaar mit dem Kind wirklich auf der Flucht nach Ägypten? Die Richtung, in die das Eselchen trabt, weist zur Mitte des Altars hin. Das ließe vermuten, dass sie hier zurück in die Heimat unterwegs sind. Es bleibt dem Betrachter überlassen, sich für eine Richtung zu entscheiden.

Ein Engelchen steht auf dem Rücken des Esels und hat einen äußersten Wipfel der Palme in der einen Hand. In der anderen hält es die Frucht, die es dem Jesuskind reichen will. Das verweist auf eine Legende, in der von einem Palmenwunder berichtet wird. Die Heilige Familie hatte auf dem Weg durch die Wüste nach Ägypten im Schatten einer Palme Rast gemacht, und Maria bat Joseph, ihr ein paar Früchte zu pflücken. Doch der Baum war zu hoch. Da forderte das Jesuskind die Palme auf sich zu neigen, und das geschah – mit Engels Hilfe. Und alle labten sich an den Datteln. Natürlich ist die Palme auch ein Sinnbild des Lebensbaumes. Die Blumen auf dem felsigen Boden stehen in Beziehung zum späteren Tod Jesu, zumal die Schwertlilie. Der Sand über den der struppige Esel trabt, zeigt die Wüste, durch die der Fluchtweg ebenso führte wie der Heimweg.

Der unmittelbarste Widerschein des Lichts, das vom Neugeborenen ausgeht, lässt Gesicht und Hände der Gottesmutter wunderbar hell und gleichsam transparent er-scheinen. Maria hält ihre Augen geschlossen und schaut nach innen. Dieses Antlitz atmet reinste Innerlichkeit und spiegelt Marias Bewusstsein von der Begegnung mit Gott in ihrem Kind. Die Hände hat Maria gefaltet, ihr Knie hat sie gebeugt. Joseph (welch ein Charakterkopf!) hält sich hinter Maria gebeugt am Stock fest, vielleicht sinkt er gerade zur Kniebeuge nieder. Auch er hat die Augen fest geschlossen, wohl in Gedanken versunken. Kaum sichtbar nehmen Hirten weit im Hintergrund an dem Ereignis teil. Hoch oben schwebt wie in einem Mond am Nachthimmel die Taube des Heiligen Geistes. Im Vordergrund markieren Fels- und Steinbrocken den rohen Untergrund, auf dem sich die Geburt Christi ereignet hat.

GEBURTSTAFEL, JOSEPH

Diese Bildtafel verweist bewusst auf eine Wirklichkeit hinter den äußeren Dingen. Im Licht des Jesuskindes, des Corpus Christi, und im Licht des Heiligen Geistes, aber auch in der Transparenz des menschlichen Antlitzes sind „die Sachen ehnedra" zu erkennen, um an einen Hebelvers anzuknüpfen. Es geht um das, was dem Leben zutiefst zugrunde liegt und was ihm Licht und Sinn gibt. Es geht um den inneren Wert, die Würde der Welt und des Menschen. Dies ist das Licht im Dunkel.

Die Huldigung der Könige

Bevor wir uns der vierten Tafel des „geschlossenen" Hochaltars zuwenden, werfen wir einen Blick auf die „Predella", den Sockel unter dem Flügelaltar. Hier ist der Zug der „Weisen aus dem Morgenland" und ihre Audienz vor Maria mit dem Kind zu sehen: ein fester Bestandteil der Weihnachtsgeschichte. Der Evangelist Lukas weiß nichts von diesem Ereignis, aber Matthäus erzählt sehr anschaulich davon und bezichtigt in diesem Zusammenhang den König Herodes des grausamen Kindermordes.

Bei der Huldigung der Magier aus dem Orient vor dem neuge-borenen wahren König geht es im Kern darum, dass die Menschwerdung des Gottessohnes definitiv vor der Welt – und zwar vor professionellen Fachleuten, Nichtjuden zumal – zur

ins Land Israel zu ziehen – wie es einst Moses tat. Respekt vor diesem Joseph, dass er dem Engel in höchster Bedrohung jedes Mal vertraute und ihm Folge leistete!
Auf dem Bild, das Joseph und Maria mit dem Kind unterwegs auf der Reise darstellt, wirkt die Heilige Familie gesammelt, aber

FLUCHTTAFEL, MARIA, KIND UND ENGEL

nicht traurig, im Gegenteil. Die ganze Szene vermittelt eine heitere Stimmung. Es herrscht schönes Wetter. Maria wirkt entspannt, sie hält das Kind ganz unbeschwert und wohl geborgen in einem Tragetuch auf dem Arm. Den Esel führt sie so locker am Zügel, als fände dieser den Weg von allein. Der kleine Jesusknabe schaut wie verträumt in die Ferne. Bei aller Heiterkeit zeigt Maria aber auch die mit Gott verbundene Innerlichkeit des Geburtsbildes. Not und Angst um ihr Kind haben ihr Kräfte abverlangt, sie aber auch in ihrem Gottvertrauen gestärkt.

Erscheinung gebracht wird. Aus der bei Matthäus noch unbestimmten Anzahl der Weisen hat Origines aufgrund der von ihnen dargebrachten Gaben Weihrauch, Myrrhe und Gold die heilige Zahl von drei Personen gemacht. Kirchenväter ließen dann die Sterndeuter zu Königen werden, die man später Kaspar, Melchior und Balthasar nannte und drei Lebensaltern sowie drei Kontinenten (Afrika, Europa und Asien) zuordnete. Das schmale Band des Reliefs auf der Predella zeigt sehr breit den langen Weg, auf dem die Herrschaften bis zum Stall von Bethlehem dem Stern gefolgt sind. Nun kniet der älteste von ihnen vor der Mutter mit dem Kind, dem er betend seine Ehrerbietung bezeugt. Das Säckchen voll Gold hat er auf den Boden gestellt. Hinter ihm kommt der Mohr, offenbar begleitet von einem Hornisten. Dahinter staut sich das Gefolge der hohen Herren, deren Gewänder in Gold leuchten. Auch Maria trägt einen prachtvollen Königsornat. Das Kind aber zeigt sich nackt und recht quirlig.

PREDELLA, HULDIGUNG DER KÖNIGE

Die ganze Szene bleibt im Vergleich zu Hans Baldungs Gemälden ein wenig einsilbig. Doch besitzt das Relief eine plastische Wirkung und zeigt eine erstaunliche Tiefenwirkung. Lange Zeit hat man es als ein Werk des Bildschnitzers Hans Wydyz betrachtet. Neuerdings wurde diese Zuweisung als Irrtum erkannt, zumindest in Frage gestellt. Daher bleibt es derzeit bei seiner Benennung als „Predellenmeister".

Die Flucht nach Ägypten

Die Flucht nach Ägypten wird nur im Matthäusevangelium berichtet. Nur dort wird auch Joseph eine herausragende Rolle bei der Menschwerdung Jesu zugewiesen. Dreimal erscheint ein Engel Joseph im Traum und fordert ihn beim ersten Mal auf, bei der schwangeren Maria zu bleiben, denn das Kind, das sie erwarte, sei vom Heiligen Geist. Beim zweiten Mal bekommt Joseph den Auftrag, die Familie vor dem Mordbefehl des Herodes durch die Flucht in Schutz zu bringen. Der dritte Traum gebietet ihm, mit dem Kind und seiner Mutter zurück

Im Blick auf das Ganze

Eine Grundkategorie für die Idee des Schönen war für die Menschen der Zeit von Hans Baldung der Einklang des Einzelnen mit dem Ganzen. Die Abfolge der Bildthemen fügt die vier Szenen in einem Rhythmus zusammen. Den Auftakt bildet ein Ereignis voller Spannung. Ihm folgt eine Szene, in der Bewegung ganz zur Ruhe kommt. Dann erfahren wir das Geheimnis der absoluten Stille, und schließlich die Momentaufnahme einer Reisegruppe unterwegs. Der Bewegungsrhythmus der Szenenfolge wird von vier unterschiedlichen Lichtsituationen begleitet und betont. Von der eher unbestimmten Tageszeit bei der Verkündigung erlebt man die Begegnung der beiden Mütter im hellsten Morgenlicht, die Geburt Jesu hingegen in der tiefsten Nacht. Die Heilige Familie schließlich sieht man auf ihrer Wüstenwanderung im direkten Sonnenlicht. Auch die jeweils dominierenden Farben ergeben eine rhythmische Abfolge. Dem Grün-Weiß-Goldgrün der Verkündigungsszene folgen kraftvolle Rot-, Weiß- und Blautöne in den Gewändern der beiden Frauen. Die Geburt Christi ist als Nachtbild mit sensibel schattierten weichen Farben modelliert, wobei das Inkarnat des Kindes, der Mutter und der Engel besonders deutlich mit dem Nachtdunkel kontrastiert. Das lebhafteste Farbenspiel herrscht auf dem Bild der Heiligen Familie auf der Wüstenwanderung. Der hier erstmals um das Haupt von Maria erscheinende Nimbus leuchtet dabei wie eine eigene zweite Sonne.

Ein anderes Kompositionselement, das die einzelnen Tafeln zum Ganzen in Einklang bringt, erkennt man in den Linien, die sich virtuell jeweils über die Personen der vier Bilder ziehen lassen. Eine aufsteigende Linie führt von der linken Hand Marias im Verkündigungsbild entlang dem Lichtband nach oben und setzt sich im Heimsuchungsbild unmittelbar fort. Dann senkt sich die Linie tief hinunter in die Weihnachtsszene, wo sie erneut vom Jesuskind aufsteigt bis zum Haupt von Joseph. Von hier geht sie in die Bewegungslinie des Fluchtbildes über und wird in doppelter Bogenführung abgerundet, im gebogenen Palmwipfel und durch die Gruppe mit Joseph, Maria und dem Engelskind.

Geburtstafel, Erdbeeren und Falter

SEBASTIANO · DE · BLVMENEGG · PATRICIO · EGIDIO · HAS · VDALRICO · WIRTNER
PLEBEIS · MAGISTRATIBVS · NICLAO · SCHEFER · EDIS SACRE THESAVRARIIS
HOC · OPVS · FACTVM
AN · SAL · M · D · XVI ·

Mit besonderer Aufmerksamkeit sollte man auf den vier Bildern Gestalt und Gesicht von Maria in den Blick nehmen. Man sieht vier Mal die gleiche Person. Es heißt übrigens, dass Hans Baldung sich dabei auf das Porträt einer Freiburger Bürgerstochter stützte, das er damals gefertigt hatte. Es lässt sich indes erkennen, dass diese Maria von einer Lebensstation zur nächsten jeweils reifer, inniger, in der Verbindung mit Gott glücklicher geworden ist. Im Lukasevangelium ist Maria ein einfaches Mädchen, das von Gott gesehen wird, bei Hans Baldung ist sie eine edle und feine junge Frau. Gemeinsam ist Lukas und Baldung, dass Marias Adel nicht auf ihre Herkunft, sondern auf ihr Jawort zu ihrem Glauben und auf ihren Glaubensweg zurückgeht.

Literaturhinweise

Wolf Hart, Die künstlerische Ausstattung des Freiburger Münsters, mit einem Beitrag von Ernst Adam, Freiburg 1981.
Emil Spath, Das Licht kam in die Welt, Die Hochaltarbilder des Freiburger Münsters von Hans Baldung Grien, Freiburg 1990.
Konrad Kunze, Himmel in Stein, Das Freiburger Münster, Vom Sinn mittelalterlicher Kirchenbauten, Freiburg (12. Aufl.) 1995.

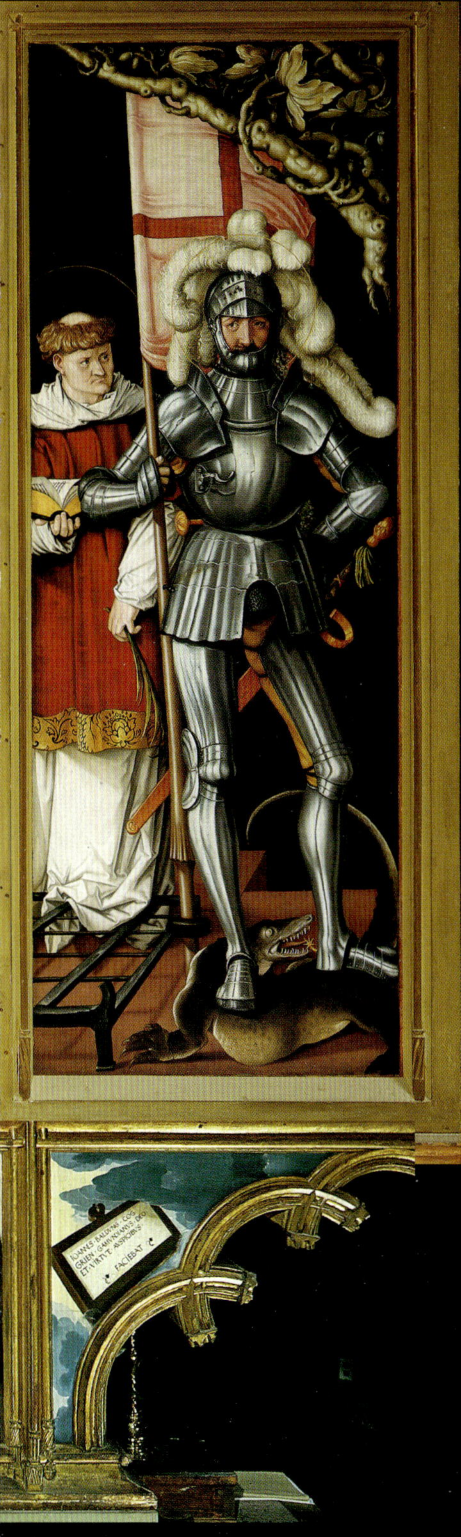
IOANES · BALDVNG · COG
GRIEN · GAMVNDIANVS · DEO
ET · VIRTVTE · AVSPICIBVS ·
FACIEBAT

Den letzten Blick geschenkt bekommen

Die Bildtafeln der Kreuzigung Jesu Christi

von Katharina Seifert

Der Hochaltar des Freiburger Münsters ließ sich bis 1827 umschreiten. Damit war auch die Altarrückseite vom Kapellenkranz aus gut zu sehen und es konnte sich vor ihr eine gottesdienstliche Gemeinde versammeln. Nachdem der Hochaltar 2,50 m nach hinten versetzt wurde, ist dies nicht mehr möglich.

Die Bildaufteilung der Rückseite ist mit der Vorderseite identisch: Mitteltafel, fest stehende Seitenflügel und Predella mit Zwickeln in den Ecken. Dem Betrachter fällt im Vergleich zur Vorderseite auf: Glanz und Farbenpracht, durchgearbeitete filigrane Landschaften, romantisch symbolisches Beiwerk sind auf der Altarrückseite nicht zu finden. Ebenso fehlt das kunstvoll geschnitzte Rankenwerk um das Retabel. Zwar schließen die Seitenflügel am oberen Rand mit dicken Ranken ab, sie sind aber gemalt und nicht wie vorn geschnitzt. Der Überschaubarkeit und Großzügigkeit der Vorderseite steht eine Rückseite gegenüber, die sich aufgrund der Personenzahl und besonders der dicht gedrängten Szene vor dunklem Hintergrund im Mittelteil nicht so leicht erschließen lässt. Für die Gestaltung der Landschaft bleibt kaum Raum; sie beschränkt sich auf einen unebenen, steinigen Boden im Vordergrund und etwas grüner Weite. Es dominieren auch auf der Altarrückseite die Farben Baldungs – Weiß, Rot, Grün –, aber sie sind im Kreuzigungsbild wesentlich matter gehalten. Es ist spannend, sich den einzelnen Gesichtern zuzuwenden. Nicht umsonst gilt Hans Baldung als ein Meister des Gestaltens von Physiognomien.

Kreuzigungstafel, Jesus

Im Mittelbild der Rückseite wird die Aufmerksamkeit des Betrachters zuerst auf drei Kreuze gelenkt. Der Realismus in der Darstellung dieser öffentlichen Exekution ist erschreckend. Es

ist eine dunkle Szene vor braun-grün-schwarzem Hintergrund, der nur am fernen Horizont einen Lichtstreifen zeichnet. In der Mittelachse der gesamten Rückseite des Altares ist das Kreuz Jesu aufgerichtet. Eine am Querbalken angebrachte Tafel gibt in Hebräisch, Griechisch und Lateinisch Auskunft über den Gekreuzigten: „Jesus von Nazareth, König der Juden". Jesu Kreuz steht im Bildvordergrund, von ihm her ist das Weitere zu betrachten. Auf gleicher Ebene ist vom Kreuz Jesu aus rechts eine zweite Kreuzigung zu sehen. Sie ist auf das Kreuz Jesu hin ausgerichtet. Das dritte Kreuz ist deutlich zurückgesetzt links hinter dem Kreuz Jesu.
Das Holz der drei Kreuze stammt von verschiedenen Baumarten. Vielleicht ist dies ein Ausdruck der Verbundenheit mit dem nahe gelegenen Schwarzwald.
Jesus ist an Händen und Füßen ans Kreuz genagelt. Sein Körper und seine Arme sind lang gestreckt. Nur seinen Kopf kann er noch bewegen. Die beiden Verbrecher sind jeweils mit Stricken angebunden, die Bewegung zulassen. Jesu Körper ist blasser als die Körper der Mitgekreuzigten. Überall sind bei ihm blutende Wunden zu sehen. Am Kreuz blutet er regelrecht aus. Blut strömt aus seinen angenagelten Händen, Füßen und von seinem Kopf mit der Dornenkrone. Die transparente Wirkung des Leibes Jesu wird von dem weißen Lendentuch noch verstärkt. Die Enden des Tuches weisen in Richtung des Lichtes am Horizont.

Hans Baldung deutet in der Art seiner Gestaltung den Dialog an zwischen den beiden Verbrechern sowie des einen Verbrechers mit Jesus, den der Evangelist Lukas überliefert hat. Der vom Kreuz aus rechts Dargestellte ist der reuige, sich seiner Schuld bewusste Verbrecher. Hingegen ist der linke Verbrecher uneinsichtig. Er verspottet Jesus noch am Kreuz: „Bist du denn nicht der Messias? Dann hilf dir selbst und auch uns! Der andere aber wies ihn zurecht und sagte: Nicht einmal du fürchtest Gott? Dich hat doch das gleiche Urteil getroffen. Uns geschieht recht, wir erhalten den Lohn für unsere Taten; dieser aber hat nichts Unrechtes getan. Dann sagt er zu Jesus: Denk an mich, wenn du in dein Reich kommst. Jesus antwortete ihm: Amen, ich sage dir: Heute noch wirst du mit mir im Paradies sein." (Lk 23,39–43; siehe S. 16) Der, dem dieses Verheißungs- und Versöhnungswort von Jesus gesagt ist, wirkt am Kreuz aufrecht, als habe er sich an seinen Armen hochgezogen, um Jesus klar anschauen, mit ihm auf Augenhöhe sprechen zu können. Jesu Kopf ist ihm leicht zugewandt. Der linke Verbrecher tritt nach unten, als wolle er sich losreißen. Durch seine Verrenkungen verfängt er sich noch mehr in seinem Gebundensein. Es schnürt ihm an Händen und Beinen das Fleisch ab. Resigniert hat er den Kopf auf die Brust gesenkt. Er kann wohl niemandem mehr in die Augen sehen. Klassischerweise wurden in der Kunst ausgehend von der oben genannten Schriftstelle die Menschen unter dem Kreuz immer aufgeteilt in die Guten unter dem Kreuz des reuigen Schächers und in die Bösen unter dem Kreuz des verstockten Schächers. Hans Baldung übernimmt diese Aufteilung nicht.

Maria Magdalena

Jesus streckt seinen Kopf nach vorn, um mit halboffenen Augen zu sehen, was am Fuße des Kreuzes geschieht. Dort sitzt eine weinende Frau mit langem blondem Haar, goldenem Seidenkleid und rot glänzendem Schal. Sie hat ihre Arme dramatisch um den Kreuzesstamm geschlungen, als hätte sie sich daran herabgleiten lassen. Die Finger ihrer linken Hand sind verkrampft. Die rechte Hand hängt offen herab, in einer Geste des Entschwindens der Kräfte, des Aufgebens, des

KREUZIGUNGSTAFEL, MARIA MAGDALENA

Loslassens. Alle vier Evangelien erwähnen, dass Maria Magdalena Jesus bis unter das Kreuz gefolgt ist. Lukas berichtet zuvor, aus Maria seien sieben Dämonen ausgefahren (Lk 8,2), sie hatte also eine schwere Krankheit und wurde nach ihrer Heilung eine Jüngerin Jesu. Im Bewusstsein der Gläubigen wurde sie später allerdings mit einer „Sünderin", die Jesus die Füße gesalbt und mit ihrem Haar getrocknet hat (Lk 7,36–50), identifiziert. So entstand die Meinung, sie hätte vor ihrer Bekehrung in sexueller Ausschweifung gelebt.
Wie auch immer man ihre Person deutet, sie steht stellvertretend für alle erlösungsbedürftigen, körperlich kranken oder seelisch verletzten auch unversöhnten Menschen unter dem Kreuz.
Nun sitzt diese Frau zu Füßen Jesu. Sie lehnt Kopf und Oberkörper so weit wie möglich zurück, um mitleidend mit aufgerissenen Augen und geöffnetem Mund nach oben zum Gekreuzigten zu sehen. Die Blicke der beiden treffen sich in wortloser Verbindung. Wie beim vom Kreuz aus rechten Schächer wird deutlich, je größer die Sündhaftigkeit des Menschen, desto größer die Liebe Jesu zu ihm. Vorausgesetzt sind Glaube, Reue und Umkehr. Maria Magdalena und der Schächer sind tröstende Beispiele dafür, was Bekehrung bewirken kann. Jesus hält auch am Kreuz angenagelt Hände, Augen und Herz offen zur Versöhnung.

Johannes und Maria

Die rote Farbe, die für ein besonders inniges Verhältnis zum Gekreuzigten steht, finden wir auch im Gewand des Johannes auf der rechten Seite, dessen Blick ebenfalls auf Jesus gerichtet ist. Er ist der Lieblingsjünger Jesu aus dem Johannesevangelium. Er greift Maria, der Mutter Jesu, unter die Arme, um ihr Halt in ihrer drohenden Ohnmacht zu geben. Die Beine versagen ihr den Dienst. Sie trägt ein dunk-les Kleid und ist in einen weißen Schleier und Mantel gehüllt. Ihr Gesicht ist erstaunlicherweise vom Geschehen abgewendet.

Kreuzigungstafel, Johannes und Maria

Als Mutter hat sie einen tiefen inneren Bezug zum Gekreuzigten, sie muss nicht hinsehen um mitzuleiden. Die Augen sind halb geschlossen. Tränen rinnen über ihr Gesicht. Die Lippen sind farblos. Der Mund scheint ein leises Stöhnen von sich zu geben. Das Miterleiden der Schmerzen des Sohnes raubt ihr die letzten Kräfte. Die Hände liegen machtlos im Schoß.

Kreuzigungstafel, rätselhafte Gestalt

Schuld und Tod

Neben Maria, der Mutter Jesu, und über Maria Magdalena schaut ein hässlicher Mann hinter dem Kreuzesstamm Jesu hervor. Er windet sich und schielt ins Bild. Das aufgedunsene Gesicht mit den wulstigen Lippen und die dunkle Kappe geben ihm einen wirren Ausdruck. Ist er vom Maler gemeint als ein körperlich und geistig Kranker, ein von der Gesellschaft Ausgestoßener, der hier ganz dicht am Geschehen sein darf? Dann würde er erinnern an die Worte Jesu: „Selig, ihr Armen, denn euch gehört das Reich Gottes" (Lk 6,20).
Hinter dem Kreuz des reuigen Schächers ragt ein verdorrter Baumstamm in die Höhe. Ein Hund nagt an menschlichen Knochen, darunter ein Unterarmknochen mit Hand, die von Fleisch überzogen ist. Das drastische Bild Baldungs erinnert an die nicht weniger drastischen modernen Verse von Erich Fried:

Ein Hund
der stirbt
und der weiß
dass er stirbt
wie ein Hund
und der sagen kann
dass er weiß
dass er stirbt
wie ein Hund
ist ein Mensch.

Sowohl das Bild als auch diese Verse ersparen dem Menschen von damals und heute nichts. Es wird Vergehen und Tod bewusst gemacht. Im Unterschied zum Verenden eines Tieres hat der Mensch seine Todesgrenze vor Augen und betet: „Sei mir gnädig Herr, ich sieche dahin, heile mich, Herr, denn meine Glieder zerfallen!" (Ps 6,3). Der Schädel neben Maria Magdalena ist ein Verweis auf den Ort der Kreuzigung: Golgatha, was mit Schädelhöhe zu übersetzen ist. Legendär dagegen ist, dass es der Schädel Adams sei. Er wäre demnach der erste Mensch, der aufgrund seiner Rebellion gegen Gott unversöhnt gestorben ist. Hans Baldung will mit seinem Werk vor Augen führen: Jesus geht den Weg zurück bis in den Anfang der Geschichte der Menschheit. So schenkt er als neuer Adam Erlösung und Zukunft.

Menschen der Zeit Hans Baldungs unter dem Kreuz

Die dicht gedrängten Menschen auf der linken Bildhälfte vom Kreuz Jesu aus sind alte und junge Männer, in Gewändern der Zeit Hans Baldungs. Es ist seine spezifische Art, biblische Ereignisse in einen wirklichkeitsnahen Rahmen zu stellen. Mit eher neugierigem Blick kommt ein Mann mit Turban hinzugelaufen, der in der rechten Hand eine schmale Lanze hält und mit der linken Hand einen großen, weiß leuchtenden, festlich gezäumten Schimmel führt. Hinter dem Pferd ist noch ein weiterer Bärtiger mit Turban zu erkennen. Es ist erstaunlich, dass Baldung diese Männer unter das Kreuz laufen lässt, denn zu seinen Lebzeiten gab es immer wieder Angriffe aus dem Osmanischen Reich auf europäische Länder. Für Baldung sind sie alle zum Heil berufen. Damit hat die Kreuzigung für ihn gegenwärtige und universale Bedeutung.
Direkt neben dem Kreuz Jesu steht ein junger Mann, dessen Oberkörper sich in Drehung von Jesus hin zum linken Verbrecher befindet. Sein Kopf mit kurzem blondem Haar ist ganz auf ihn hin gerichtet. Er hat ihn fest im Blick. In der rechten Hand hält er einen langen Stab, auf dem ein Schwamm steckt. In der linken Hand trägt er einen kleinen Eimer, wohl mit Essig. Die Evangelien berichten, dass Soldaten oder Leute, die dabeistanden, Jesus zur letzten Verhöhnung vor Eintritt des Todes einen Essigschwamm an den Mund hielten. Wie ein Soldat sieht der junge Mann nicht aus. Er hat eher weiche Züge. Diese unterstreicht auch seine Kleidung. Er trägt ein blusenartiges Hemd, das ihm fast von den Schultern rutscht und in eine kurze, knappe rote Hose gesteckt ist. Ein roter Kniestrumpf am linken Bein lässt die Zehen frei. Auffallend hoch gewachsen steht er mit seinem Stecken und dem Eimer da. Führt er ein Zwiegespräch mit dem Verbrecher? Was geht in ihm vor? Hat er Angst, einmal so zu enden?

Kreuzigungstafel, Hans Balgung und Zeitgenossen

Kreuzigungstafel, Junge

Drei Figuren blicken aus dem Bild heraus. Angelehnt an den Kreuzesstamm des linken Schächers und abgestützt an einer riesigen Hellebarde steht im Vordergrund ein Mann, auffällig in einem knielangen grünen Wams. Die linke Hand hat er an einem großen Schwert. Sein Haar ist mit einem Netz zusammengehalten, der Bart ist gepflegt, und er trägt weiße Strümpfe. Der Kleidung und Gestik nach gehört er zur Oberschicht. Sein Antlitz ist ausdrucksstark, sein Blick energisch und entschlossen. Man vermutet in ihm Balthasar von Tegelin von Wangen, den damaligen Bürgermeister Freiburgs.

Über die Schulter des Mannes im grünen Wams schaut ein junges Gesicht mit einem roten Barett den Betrachter an. Es ist vermutlich eine Selbstdarstellung Hans Baldungs. Der Künstler war 27 Jahre alt, als er den Altar schuf. Der Meister stellt sich mitten unter die Menschenmenge. Er ist ein Betroffener, denn dieses Geschehen geht auch ihn und jeden Betrachter des Bildes an. Der dritte Mann, der aus dem Bild heraussieht, trägt eine Art Zylinder. Er kann nicht näher identifiziert werden.

Ein hübscher kleiner Junge drängt sich zwischen den Mann mit dem Essigeimer und dem im grünen Wams. Er trägt ebenfalls ein schickes

grünes Oberteil. Selbstvergessen und ernst, den Mund staunend geöffnet hält er in der Hand eine kleine Holztafel, auf der die Signatur Hans Baldungs zu lesen ist.
Menschen aller Altersgruppen, beiderlei Geschlechts und aus verschiedenen Nationen drängen sich auf Golgatha. Diejenigen, die unter dem Kreuz des reuigen Schächers stehen, wissen um ihre Erlösungsbedürftigkeit. Und wie ist es mit der spätmittelalterlichen Gesellschaft auf der anderen Seite? Und wie ist das mit uns heute?
Das Lukasevangelium beantwortet diese Fragen auf eigene Weise (vgl. den Beitrag von Susanne Ruschmann). Im Vergleich zu den anderen Evangelien fällt auf, dass Jesus nur im Lukasevangelium drei Worte der Vergebung, der Versöhnung und des Vertrauens spricht. Zunächst bittet er: „Vater, vergib ihnen, denn sie wissen nicht, was sie tun" (Lk 23,34). Es folgt das im Bild von Hans Baldung dargestellte Gespräch mit den beiden Verbrechern. Dem reuigen Verbrecher spricht er zu: „Heute noch wirst du mit mir im Paradies sein" (Lk 23,23). Schließlich stirbt Jesus mit den Worten: „Vater, in deine Hände lege ich meinen Geist" (Lk 23,46).
Doch auf wen bezieht Jesus die Vergebungsbitte? Allein auf seine Peiniger, die ihn ans Kreuz nageln oder auf alle Umstehenden und damit auch auf die Menschen des 16. Jahrhunderts und letztlich auch auf uns?

Die Worte der Vergebung und des Gottvertrauens in der Stunde höchster Qual und tiefster Schmach, in Todesnot gesprochen, machen die Liebe Jesu zu den Menschen und seinen Auftrag vom Vater offenbar: Die Versöhnung der Menschen mit Gott und der Menschen untereinander, um in wahrer Freiheit neu leben und handeln zu können. Die Vergebungsbitte scheint Jesus noch auf den Lippen zu haben, wenn sein letzter Blick in den Blick Maria Magdalenas fällt. Sie hat Jesus als einen Menschen kennen gelernt, der vergibt und Versöhnung stiftet. Ist es nicht ein besonderes Zeichen für sie, diesen Blick geschenkt zu bekommen?
Als Hans Baldung im 16. Jahrhundert die Altartafeln malte, stand die Frage nach der Beziehung des Menschen zu Gott in besonderem Maße im Raum. Wie kann ich in den Augen Gottes rechtschaffen leben, um mit ihm und den Menschen versöhnt zu sein? Man sah die ethische und existenzielle Erlösungsbedürftigkeit des Menschen. Martin Luther versuchte kurze Zeit später eine Antwort mit seiner Rechtfertigungslehre zu geben. Die katholische Kirche dachte zu dieser Zeit neu über Fragen der so genannten Gnadenlehre nach. So ging wahrscheinlich die damalige Suche nach einem versöhnten Leben und die damit verbundene besondere Hinwendung zur Theologie des Lukas bewusst oder unbewusst in die Bildtafel von der Kreuzigung ein. Möglicherweise ist die Hoffnung auf universale Versöhnung im Bild mit dem Lichtstreifen am Horizont des dunklen Kreuzigungsbildes angedeutet.

Die Seitenflügel und die Predella

Die Seitenflügel des Altares zeigen jeweils zwei Männer mit ihren Attributen vor schwarzem Hintergrund. So nimmt der Künstler die Stimmung der Mitteltafel wieder auf. Dass Hans Baldung gerade diese vier Männer abgebildet hat, ist auf das Umfeld des Freiburger Münsters zurückzuführen. Auf dem vom Betrachter aus linken Seitenflügel steht vorn der heilige Kirchenlehrer Hieronymus aus dem 4. Jahrhundert im roten aufwändigen Kardinalsornat. Vor ihm richtet sich ein Löwe auf. Da die Münsterpfarrei im 16. Jahrhundert zur Universität gehörte, ist ihr Schutzpatron hier dargestellt. Zum Teil von ihm verdeckt, sieht man hinter ihm den bärtigen Johannes den Täufer, bekleidet mit einem einfachen, aber strahlend weißen Gewand, ein Lamm in den Armen haltend. Johannes der Täufer blickt streng dem Betrachter entgegen, als wolle er als Vorbote Jesu auf das zentrale Geschehen der Heilsgeschichte hinweisen: Jesu Tod und Auferstehung. Es ist denkbar, dass Hans Baldung mit Johannes dem Täufer seinen Namenspatron gemalt hat. Einen Bezug könnte es auch zur Schnewelinkapelle geben, die der Hochaltarrückseite gegenüberliegt. Sie ist Johannes dem Täufer geweiht.

HEILIGENTAFEL, HEILIGER GEORG

Auf dem vom Betrachter aus rechten Seitenflügel befinden sich der heilige Georg und der heilige Laurentius. Der Soldat Georg präsentiert stolz seine Ritterrüstung. Er kämpfte unter Kaiser Diokletian und wurde um 303 enthauptet, weil er Christ geworden war. In der rechten Hand hält er siegessicher die wehende Fahne der Stadt Freiburg. Er ist ihr Stadtpatron. Mit seinem ganzen Gewicht tritt er auf einen Drachen, der sterbend das Maul aufsperrt. Diese Darstellung geht auf eine Legende aus dem 11. Jahrhundert zurück. Georg wurde mit der mythischen Gestalt des Drachentöters verbunden, der eine Königs-tochter vor dem Ungetüm rettet. Christlich gedeutet hat Ge-

Kreuzigungstafel, Jesus und Maria Magdalena

org im Kampf mit dem Drachen aufgrund seines Glaubens an Jesus Christus das Böse besiegt. Die Fahne in der Hand des Georg kann so auch als Fahne der Auferstehung Christi gedeutet werden.
Auch dem Diakon Laurentius blieb das Martyrium aufgrund seines Glaubens nicht erspart. Weil er im Auftrag von Papst Sixtus II. die Kirchengüter unter die Armen und Kranken verteilte, um sie so vor der Beschlagnahmung des Kaisers Valerian zu retten, wurde er im 3. Jahrhundert auf einem glühenden Rost zu Tode gemartert. Seither wird er mit dem Attribut eines Rostes abgebildet, auf dem er hier im Bild steht.
In der Predella hat Hans Baldung vier Münsterpfleger dargestellt. Sie waren die für den Bau und die Erhaltung des Münsters zuständigen Beamten, und der heilige Laurentius war ihr Patron. In betender Haltung wenden sich die Münsterpfleger der Gottesmutter mit dem Jesuskind zu. Sie sind nicht nur als Porträts in der Mode ihrer Zeit gemalt, sondern auch mit Namen und Stand bezeichnet: Sebastian von Blumenegg, Patrizier, Aegidius Has, Ulrich Wirtner, Magistrat und Nikolaus Schefer. Es entsprach dem Zeitgeist, dass Auftraggeber oder Stifter porträtiert wurden. Und eine genaue Jahreszahl der Entstehung des Altares fehlt auch nicht. Lateinisch steht geschrieben: „Dieses Werk ist gefertigt im Jahre des Heiles 1516."

Unter dem Kreuz

Mit den Münsterpflegern und den Heiligen, mit Johannes und der Mutter Jesu, mit dem Volk der Zeit der Entstehung des Altars und mit Maria Magdalena stehen auch wir in sehr unterschiedlicher Weise als Betrachter und möglicherweise als Beter unter dem Kreuz. Die meisten Menschen auf dem Bild haben ihre Augen auf Jesus gerichtet. Wir alle dürfen aufschauen, den Blick Jesu suchend und empfangend. Aus diesem Geschenk kann uns die Kraft zur Versöhnung und zur Hoffnung über den Tod hinaus erwachsen. Durch Jesu Leiden und Sterben am Kreuz wurde der Schandpfahl zum Zeichen größter Liebe. In diese Liebe, in den liebenden Blick Jesu, sind wir mit hineingenommen.

Literaturhinweise

Pius Enderle, Der Hochaltar des Münsters in Freiburg im Breisgau, Gemalt von Hans Baldung Grien (1512–1516), Eine theologische Interpretation, Freiburg 1986.
Gisbert Greshake, Stärker als der Tod, Mainz 1976.
Heiko Haumann und Hans Schadek (Hg.), Geschichte der Stadt Freiburg, Bd. 1: Von den Anfängen bis zum „Neuen Stadtrecht" von 1520, Freiburg (2. Aufl.) 2001.

Von Gott in die Mitte genommen

Die Bildtafeln der Aufnahme und Krönung Marias im Himmel

von Markus Aronica

Die meiste Zeit des Jahres zeigt der Hochaltar des Freiburger Münsters seine geöffnete Schauseite mit Maria als Himmelskönigin, umringt und geehrt von den göttlichen Personen Gottvater, Gottsohn und vom Heiligen Geist. Gottvater und Gottsohn stehen nicht etwa über der Himmelskönigin, sondern befinden sich mit ihr fast auf Augenhöhe. Die Szenerie wird rechts und links gerahmt von zwei Apostelgruppen, die ebenfalls auf der Höhe Marias und Gottes stehen.

Krönungstafel von links: Engel mit Posaune, Engel mit Harfe, Engel am Pelzsaum Marias

Maria und die göttlichen Personen befinden sich von der Erde entrückt in strahlend hellem Licht über einem Regenbogen, der zwischen Gottsohn und Maria aufscheint. In dem blau unterlegten Wolkenmeer sieht man in der Ferne eine schneebedeckte Insel mit Bergspitzen. Zahllose Putten tummeln sich um die Hauptpersonen herum bis weit in den Bildhintergrund und bis in die Schnitzarbeiten hinein, die das Bild nach oben abschließen. In kindlicher Lebensfreude musizieren sie vorne frei schwebend mit etwas zu großen Musikinstrumenten, so dass das Himmelskonzert wie ein ungeordnetes Kinderorchester wirkt. An einer Harfe etwa machen sich gleich drei Engel zu schaffen, ein begeisterter Posaunist stürzt fast in die ehrwürdige Szene der Marienkrönung, andere Putten halten mit drolligem Gesichtsausdruck die Gewänder der göttlichen Personen oder schauen aus dem Bild heraus. Einer sieht sogar unter dem Saum des mit Pelz unterlegten Mantels von Maria hervor.

KRÖNUNGSTAFEL, GOTTSOHN, MARIA UND GOTTVATER

Gottvater mit Königskrone, Greisenantlitz und wallendem Bart trägt ein feines königliches Gewand mit rotem Mantel und in der linken Hand das Königszepter. Gottsohn trägt ebenso eine Königskrone, die der Dornenkrone der Passion nachgestaltet ist. Er hat die feinen Gesichtszüge des im Gesamtbild einzig gut aussehenden jungen Mannes, einen kurzen Bart, elegante Locken und ist nur mit rotem Königsmantel bekleidet. Damit wird auf seine Menschennatur angespielt: Das Fleisch, das er in Jesus Christus angenommen hat und die Wunden der Kreuzigung sind deutlich zu sehen. In seiner Rechten hält er eine Weltkugel, in der sich Maria spiegelt.
Die nur fürstlich oder königlich gekrönten Personen Gottvater und Gottsohn halten in etwas ungeschickter Weise eine – dem Kaiser oder der Kaiserin vorbehaltene – Bügelkrone über das Haupt Marias. Darüber schwebt die Taube des Heiligen Geistes (siehe S. 8), die in Gebärdenanalogie zu Maria ihren Kopf neigt. Sie ist von einer Sonnengloriole in strahlenden Lichtglanz gehüllt. Die drei Kronen und die drei Häupter der göttlichen Personen bilden zwei Dreiecke über Maria, die das Bild nach oben abschließen. Nach links und nach rechts

begrenzen Gottvater und Gottsohn das Bild, so dass die göttlichen Personen Maria umhüllen.

Es mag erstaunen, wie naturalistisch die göttlichen Personen dargestellt sind. Auch wirft ihre Dreiheit die Frage nach dem Sinn eines in drei Personen vorgestellten Gottes auf: Gottvater repräsentiert den überweltlichen, zugleich fernen und nahen Gott, dem die Menschen im Ersten, Alten Testament begegnet sind. Gottsohn steht für Jesus Christus, der im Neuen Testament den Glauben an Gott vertieft und erneuert hat. Die Geisttaube steht dafür, dass die Lebensbotschaft des Gottes Israels und die Lebensart Jesu Christi in den Menschen eine Kraft freisetzt, die göttliche Kraft des Heiligen Geistes, der dritten Person. So könnte eine Kurzfassung des Glaubensbekenntnisses lauten. Die Darstellungen der göttlichen Personen verdanken sich biblischen Texten, die beispielsweise vom Heiligen Geist in Gestalt einer Taube erzählen. Derartige Bilder von Gott waren im Mittelalter erlaubt und üblich. Heute können sie aber auch befremden: Ist es auf dem Hintergrund des biblischen Bilderverbots sinnvoll, den unsichtbaren Gott darzustellen als eine Dreieinigkeit, die aus einem älteren Mann, einem jüngeren Mann und in einer weißen Taube besteht? Das genaue Bilderverbot „Du wirst dir kein Götzenbild von irgendetwas im Himmel, auf der Erde oder im Wasser machen, du wirst dich nicht davor niederwerfen und dich nicht verpflichten, ihm zu dienen" (vgl. Exodus 20,4–5 in eigener Übersetzung) legt die Deutung nahe: Das Gebot ist kein Kunst- oder Vorstellungsverbot. Das Bilderverbot ist eine Anleitung zum Gebet. Menschen und Religionen haben Bilder und Vorstellungen von Dingen in der Welt und von Gott, jedoch im Wissen darum, dass der lebendige Gott größer ist als alle Geschöpfe und als alle Vorstellungen von ihm. Nicht ein vorläufiges und überbietbares Bild von Gott, nur der letztlich unverfügbare Gott selbst ist anbetungswürdig. Somit bringt gerade die naturalistische Darstellung Hans Baldungs eine Spannung zwischen gegenständlicher Malerei und Geheimnis des Glaubens zum Ausdruck. Der Künstler hat die Botschaft ins Bild gelegt, dass hier gerade kein natürliches Ereignis gezeigt wird, sondern eine nur symbolisch erfassbare tiefere Wahrheit aufscheint.

Maria ist in gewisser Distanz zu den würdevollen göttlichen Personen etwas nach vorne den Betrachtern näher gerückt. Sie hat den Kopf leicht nach rechts geneigt, die Augen halb niedergeschlagen und die Lippen zu einem kleinen roten Mund verschlossen. Ihre Wangen sind nur leicht gerötet, ansonsten ist ihr wohlgeformtes Antlitz von edler Blässe. Wallende Locken fallen ihr über Schultern und Arme bis über die Taille. Sie trägt ein weißes Untergewand, ein langes goldenes Kleid und einen blauen Mantel. Die Farben Weiß, Gold und Blau können dabei unter anderem Reinheit des Herzens, Freude und Glück sowie Glauben und Gottverbundenheit symbolisieren. Marias Hände sind vor dem Schoß zu einem Dreieck in Gebet und Offenheit für die Geburt des göttlichen Kindes geformt.

Als Maria im Lukasevangelium der Verkündigung des Engels, dass Gott in ihrem Leib wohnen möchte, zustimmte, hat das alle ihre Lebenspläne verändert. Einerseits konnte sie im Magnifikat die Größe ihres Gottes preisen, weil er ihr eine große Ehre erwiesen hat, andererseits musste sie die Geburt dieses unehelichen Kindes in ärmlichsten Verhältnissen überstehen, ein Vorzeichen dafür, dass Gottes Gegenwart auch weiterhin enorme Opfer und Entwicklungen von ihr fordern würde. Nun ist ihr Leben vollendet, und sie erfährt königliche Ehrung an Leib und Seele. Sie strahlt zugleich zurückhaltende Dankbarkeit und würdevolles Bewusstsein ihrer Erhöhung aus. Maria hat sich nicht selbst die Ehre erwiesen, sie nahm aber mit freiem Willen ihre Lebensaufgabe und ihren Lebenssinn aus den Händen Gottes an. Deshalb hatte und hat sie Anteil am Leben Gottes. Im Gegensatz zu eher süßlichen Mariendarstellungen zeigt die Himmelskönigin Hans Baldungs ein reiches Seelenleben und den Abschluss einer persönlichen Entwicklung (vgl. die Beiträge von Susanne Ruschmann und von Wolfgang Hug).

Die Seitentafeln

Auf den Seitentafeln sind der Marienkrönung zwölf Apostel in zwei Gruppen zugeordnet. In Kontrast zum fröhlichen himmlischen Treiben im Mittelbild schreiten die Apostel auf dunkler Erde und vor nächtlichem Hintergrund in schlichten weißen Gewändern. Sie befinden sich noch auf der Erde, nicht in der Vollendung des Himmels. Ihre Häupter sind allerdings schon von Lichtglanz umhüllt, und pfingstliche Feuerzungen des Heiligen Geistes schweben auf sie herab, über Petrus ist eine Geisttaube angedeutet. Mit raffinierten Maltechniken zeigt Baldung die Dynamik des göttlichen Lichtes über den Aposteln. Ihr Glaubensweg mit Gott, ihre Begegnung mit Jesus Christus und das Wirken des Geistes in ihren Herzen haben sie also schon teilweise verwandelt. Das technisch unterschiedlich erzeugte Leuchten rechts und links lässt dabei vermuten, dass das Wehen des Geistes in der linken Gruppe um ein vielfaches stärker ausgeprägt ist – bei

Petrustafel, Petrus

Petrustafel, Hellebarde mit Heilig-Geist-Taube

Petrus rechts vorne fehlen Feuerzunge und Gloriole sogar ganz. Vielleicht sind die Gloriolen aber auch von unterschiedlichen Schülern Hans Baldungs unabhängig voneinander ausgeführt worden, denn beide Techniken sind für sich betrachtet sehr ansprechend (siehe S. 9).

Durch ihre Blickrichtung haben die beiden Apostelgruppen einen Bezug zum Mittelbild, aber auch zueinander. Hier sollen sie zunächst nur unter diesem letzten Aspekt vorgestellt werden: Petrus und Paulus stehen im Vordergrund einander gegenüber. Petrus hat dunkle Gesichtszüge. Sein kantiges Antlitz mit hervorstehenden Backen- und Kieferknochen, seine langen Augenbrauen und

Paulustafel, Paulus

Paulustafel, Spiegelung auf dem Schwert

der zusammengekniffene Mund hinter seinem buschigen Bart sind ernst, erscheinen grimmig, fast feindselig. Das weiße Obergewand ist von den Schultern gerutscht. Die Hände umklammern verkrampft den Himmelsschlüssel, die knorrigen Füße haben keinen sicheren Stand.

Paulus gegenüber trägt ein Schwert, er hat intellektuelle Gesichtszüge und trägt seinen Bart und die Reste schwarzen Haupthaars elegant gepflegt. Mit klarem Blick und nach vorne gerichteten Händen geht er etwas ungelenk, aber richtungweisend auf Petrus zu. Die je fünf weiteren Apostel hinter den Apostelfürsten zeigen im Ausdruck Verwandtschaft zu ihren jeweiligen Anführern. Die Apostel der Paulusgruppe blicken fast uniform kontaktaufnehmend, offen und klar zu genau einem jeweiligen Gegenüber in der Petrusgruppe, nur einer sieht zum Betrachter außerhalb des Bildes. Die interessanten Charakterköpfe der Petrusgruppe dagegen sind von Büchern abgelenkt, blicken unverwandt ins Leere oder nehmen widerstrebend und gereizt mit der Paulusgruppe Blickkontakt auf.

Die Apostelgruppen repräsentieren wohl Wesensunterschiede und Richtungskämpfe von Menschen in der Nachfolge Jesu Christi, wie es sie schon in der Urkirche zwischen Petrus und Paulus gab. Petrus stand für ein konservatives Festhalten am jüdischen Glauben, während Paulus die progressive Öffnung auch für Nichtjuden vertrat. Es kam zum Kompromiss, der von Petrus jedoch nicht konsequent gehalten wurde (Apg 11,1–18 und 15,1–35, dann Galaterbrief 2,1–21). Vielleicht übte Hans Baldung mittels der recht würdelosen Petrusfigur Kritik an der Unglaubwürdigkeit kirchlicher Würdenträger und an ihrem seelsorglichen Fehlverhalten in seiner Zeit. Das im Bild noch spannungsgeladene Gegenüber wurde zum Gegeneinander: Durch die Konfrontation von amtlichen, beharrenden und humanistisch geprägten, reformwilligen Kräften zerbrach in der Reformation – nur wenige Jahre nach Fertigstellung des Altars – die Einheit der Kirche.
Ein kräftemessendes Ringen um den rechten Glauben und seine Verwirklichung im Leben gibt es wohl in jeder religiösen oder kirchlichen Gemeinschaft. Man kann in den Apostelgruppen Typen politischen Verhaltens sehen: Die Erneuerer, die gemäß ihrem Vorbild Paulus auf Freiheit des Denkens und offenen Dialog setzen, gehen mit forschem Freimut auf die Bewahrer in der Nachfolge Petri zu. Deren Leitungsstil wurzelt mehr im Vertrauen auf die Traditionen und deren geistliche Tiefe. Es braucht beide Perspektiven in einer christlichen Gemeinschaft, ist doch in beiden Apostelgruppen der Heilige Geist wirksam. In der Apostelgeschichte erzählt Lukas von Spannungen in den ersten Gemeinden und zwischen Petrus und Paulus, als Ideal christlicher Gemeinschaft stellt er aber bei aller charakterlichen Verschiedenheit eine Einheit vor Augen: Letztlich „bildeten alle eine Gemeinschaft und hatten alles gemeinsam", auch beteten und feierten sie miteinander (Apg 2,44–47).
Ein Blick zurück auf das Mittelbild zeigt, dass Petrus Gottvater nachgestaltet ist und Paulus Gottsohn. Der Gegensatz zwischen ihnen erweist sich somit als abgeleitet von einer spannungsvollen Einheit innerhalb der göttlichen Personen. Warum nicht? Der mittelalterliche Theologe und Mystiker Richard von Sankt-Victor beschreibt die – seiner Ansicht nach – bewegten, dynamischen Beziehungen der göttlichen Personen zueinander als von Liebe und gleichzeitig von Verschiedenheit geprägt. Dazu dürften auch Überraschungen und Abgründe, die es jedoch zu überwinden gilt, gehören. Maria steht zwischen Gottvater und Gottsohn und zwischen den beiden Apostelgruppen, genau unter der Taube des Heiligen Geistes, die alle Personen verbindet. Der Geist Gottes ist in hebräischen Bibeltex-

ten ein ausdrücklich femininer Lebensatem. Maria lässt diese zarte Geisteskraft der göttlichen Verbundenheit und Liebe in ihrem Leben wirksam werden.

Das Bildmotiv und seine Glaubensbotschaft

Das Freiburger Münster Unserer Lieben Frau enthält über 100 Darstellungen seiner Patronin Maria, das äußere Hauptportal, das südliche Chorportal, das Märtyrerfenster und das Gemälde im Triumphbogen zur Vierung hin zeigen Marienkrönungen nach ihrem Eingehen in den Himmel.

Tizian, Assunta, Chiesa santa Maria Gloriosa dei Frari, Venedig

Albrecht Dürer, Heller-Altar, 1509, Kopie von Jobst Harrich, 1613/14, Frankfurt, Historisches Museum

Die Aufnahme Marias in Gottes Welt ist nicht in der Bibel, sondern in geistlichen Schriften – etwa im Transitus-Bericht des Pseudo-Melito aus dem 5. Jahrhundert – legendarisch überliefert. Da der grundsätzliche Gedanke in der Volksfrömmigkeit stets beliebt war, erhob ihn Papst Pius XII. 1950 mit der Absicht zu einem Lehrsatz, dadurch Gottvertrauen, Zuversicht und praktisches Leben aus dem Glauben zu stärken: Maria ist am Ende ihres Lebens mit Leib und Seele, als ganzer und ungeteilter Mensch in die Gemeinschaft mit Gott, in den Lichtglanz Gottes, den Himmel aufgenommen (vgl. Lexikon für Theologie und Kirche). Die ausdrückliche Betonung von Leib und Seele in diesem Bekenntnis markiert die besondere christliche

Hoffnung im Blick auf das Leben in einer neuen Welt. Zwar ist der biologische Körper eines Menschen nicht einfach identisch mit dem hier gemeinten Leib, es soll jedoch ausgedrückt werden, dass alles, was zum Menschsein gehört, in die Welt Gottes eingehen kann und soll. Entsprechend ist die Aufnahme Marias in den Himmel in der Kunst ins Bild gebracht. In den Entschlafungsikonen der Ostkirche war Maria zumeist auf dem Sterbebett liegend und von den Aposteln umgeben dargestellt, während Christus vom Himmel her ihre Seele in Gestalt eines Miniaturleibes aufnahm. Bei Tizian (1516) strebt Maria über ihrem leeren Grab, um das die Apostel versammelt sind, in die Welt Gottes auf.

Das Bildmotiv der Marienkrönung erweitert das Thema der Aufnahme in den Himmel. Es hat seinen Ursprung in der alttestamentlichen Tradition der Vermählung Gottes mit seinem Volk im Psalm 45. Israel darf die Zuneigung Gottes, vergleichbar mit der Liebe eines Bräutigams zu seiner Braut, annehmen. Beim Propheten Hosea sucht Gott seine untreue Braut sogar wie ein verzweifelter Liebhaber, um schließlich trotz ihrer Schwäche um sie zu werben, um sich entsprechend dem Psalm am Ende der Zeit mit seinem geliebten Volk zu vermählen und es an seiner königlichen Seite zur Himmelskönigin zu krönen. Die ausdrucksstarke Symbolik wurde im Christentum auf die Kirche und ihre Hoffnung auf endzeitliche Vollendung übertragen. In Gottesdiensten ist sogar jede einzelne menschliche Seele angesprochen, als Braut das Liebesangebot Gottes anzunehmen. In der Kunst gab es zunächst nur Krönungen der Ecclesia. Erst ab dem 13. Jahrhundert krönt Christus anstelle der Ecclesia seine Mutter Maria, die aufgrund ihres Jawortes zur Brautschaft mit Gott und zur Mutterschaft für Jesus Christus vorbildlich aufzeigt, wie einzelne Menschen und die Kirche das Brautwerben Gottes annehmen könnten.

Marienkrönung durch Jesus Christus, Märtyrerfenster, um 1270/80

Wahrscheinlich hatte Hans Baldung Marienkrönungen von Albrecht Dürer vor Augen, als er die Freiburger Hochaltartafeln gestaltete. Darauf kniet oder steht Maria etwas unterhalb der göttlichen Personen und wird dort gekrönt. Hans Baldung dagegen stellt auf einer Horizontalen zwei göttliche Personen, Maria und die Apostel unter das Wirken des Heiligen Geistes. Bei ihm sind die irdische und die himmlische Welt miteinander verschmolzen, Maria gehört dauerhaft beiden Welten an.

Gedanken zu den Bildtafeln

Die Marienkrönung hat direkte Bezüge zur Kreuzigungstafel. Dort sehen Maria Magdalena, der Schädel Adams und die meisten Figuren diagonal nach oben zu Jesus auf. Drei Männer jedoch schauen aus dem Bild heraus zu den Betrachtern. Sie stehen in einer Reihe oder Linie, die man diagonal nach unten zu Maria Magdalena verlängern kann. Eine zweite Linie führt von Johannes zu ihr. Die zahlreichen Blicke nach oben werden so in mehreren Bildlinien nach unten gespiegelt: Die Jüngerin bekommt vom sterbenden Jesus erlösende und verwandelnde Zuwendung geschenkt (vgl. den Beitrag von Katharina Seifert). Die ganze hinfällige und ruhelose Menschheit bedürfte wohl einer solchen Zuwendung, einer Neuschöpfung, die uns wie in den Schöpfungserzählungen „nach dem Bild Gottes gestaltet" (Genesis 1,27). In Jesus am Kreuz kann man das versöhnende und rettende Antlitz Gottes erkennen, so wird er zum neuen Adam. Maria hat auf den Weihnachtstafeln das Angebot Gottes, in ihr zu wohnen und aus ihr Mensch zu werden, angenommen. An der Seite des Lieblingsjüngers geht sie mit in Leid und Tod. Sie nimmt am spannungsvollen göttlichen Leben teil und spiegelt es als freies, menschliches Bild. So wird sie zur neuen, nach dem Bild Gottes gestalteten Eva.

Hans Baldung hat das Symbol des Spiegelbildes in den Bildaufbau der Marienkrönung aufgenommen: Es wiederholen und spiegeln sich im Mittelbild mehrere Kreise und Dreiecke, die Mariengestalt erscheint gespiegelt auf der Weltkugel, stellvertretend für die ganze Schöpfung.

SPIEGELUNG MARIAS IN DER SCHÖPFUNGSKUGEL

In einer Theologie und Frömmigkeit, die von einem einseitig männlichen und hoheitlichen Gottesbild geprägt ist, kann Maria menschlicher Schwäche näher und ihr gegenüber barmherziger erscheinen als die göttlichen Personen. Hier und da wird sie als sanfte Mitregentin im Himmel zu einer Art „vierten göttlichen Person". Huma-

nismus und Theologie des 16. Jahrhunderts leiteten hier wertvolle Neuorientierungen ein. Sie lenkten den Blick zunächst auf die tiefe Menschlichkeit Jesu Christi, etwa bei Lukas. Bis heute entdeckt die Theologie mehr und mehr mütterliche Züge des scheinbar strengen Vatergottes: „Selbst wenn eine Frau ihr Kindlein vergessen würde, ich vergesse dich nicht" (Jesaja 49,15).
Dass Maria und die Apostel im Bild von Hans Baldung dabei auf eine Ebene mit den göttlichen Personen gestellt sind, könnte weitere Konsequenzen haben für unsere Vorstellungen von Gott und für das soziale Miteinander. So formulierte man beim Zweiten Vatikanischen Konzil (1962–1965): Gott begleitet die Menschen in den Regungen des Gewissens, er redet in den biblischen Texten zu uns wie zu Freunden und er erhebt alle Getauften zu besonderer geistlicher Würde. Er ist also bereit, die Menschen jetzt schon – nicht erst im Himmel – in seine lebendige Mitte zu nehmen, eine Liebesbeziehung auf Augenhöhe mit ihnen einzugehen.

Die Bewunderung der Marienkrönung und die Feier der Aufnahme Marias in den Himmel sind dann keine Erhebungen Marias zur Göttin, sondern erweisen einen Glauben an die lebendig machende Neuschöpfung eines jeden Menschen und der ganzen Menschheit. Dieser Glaube hat keine naturwissenschaftliche oder rein logische Begründung. Er spricht in bildhafter Rede von einer Hoffnung, die sich auf ein echtes inneres Erleben gründet: Gott bittet um unser Jawort dazu, dass er zu uns herabkommen darf, mit uns leben und sterben darf. Denn durch das Jawort zu ihm – zu seinem Blick auf die Menschen und vor allem auf die Geringen unter ihnen – erfahren wir letztlich eine königliche Verwandlung.

Literaturhinweise

Christoph Deuter, Die trinitarische Marienkrönung, unveröffentlichte Magisterarbeit an der Technischen Universität Dresden 2004.
Gisbert Greshake, Der dreieine Gott. Eine trinitarische Theologie, Freiburg 1997, 551–554, Kleine Hinführung zum Glauben an den dreieinen Gott, Freiburg 2005; vgl. ders.
Heinrich Rombach, Sein – Gott – Welt, Zum Hochaltar des Münsters in Freiburg im Breisgau, in: Sein und Nichts, Grundbilder westlichen und östlichen Denkens, Freiburg 1981, 13–26.
Aufnahme Marias in den Himmel, in: Lexikon für Theologie und Kirche (Bd. 1 der 3. Auflage), Freiburg 1993, 1216.
Richard von Sankt-Victor, Die Dreieinigkeit, übersetzt von Hans Urs von Balthasar, Einsiedeln 1980.

Autorinnen und Autoren

Markus Aronica, geboren 1968, Pastoralreferent in der Dompfarrei und im Stadtdekanat Freiburg, verantwortet theologische Fortbildungen für Münsterführerinnen und Münsterführer in Freiburg.

Wolfgang Hug, Professor em. für Geschichte an der Pädagogischen Hochschule Freiburg, Dr. phil., geboren 1931, Vorstandsmitglied im Kirchengeschichtlichen Verein der Erzdiözese Freiburg, Träger der Konradsplakette der Erzdiözese Freiburg, zahlreiche Veröffentlichungen zu Architektur und Kunst des Freiburger Münsters.

Susanne Ruschmann, Dr. theol., geboren 1971, Pastoralreferentin, Dozentin für Neues Testament an der Fachakademie zur Ausbildung von Gemeindereferentinnen und Gemeindereferenten Freiburg, freie Mitarbeiterin im Lektorat des Schwabenverlags Ostfildern.

Katharina Seifert, Dr. theol., geboren 1965, Theologin, Direktorin des Margarete Ruckmich Hauses, Fachakademie zur Ausbildung von Gemeindereferentinnen und Gemeindereferenten und Tagungshaus der Erzdiözese Freiburg, Vorstandsmitglied der Edith Stein Gesellschaft Deutschland.

Bildnachweis

akg-images, Berlin: 60 l
Historisches Museum Frankfurt am Main (Foto Ziegenfuß): 60 r
Krupp, B.: U2
Münsterbauverein Freiburg: 61
Raach, K.-H.: 5
Städtische Museen Freiburg, Augustinermuseum (Foto C. Müller): 8, 10, 13, 14, 17, 23 u, 24, 25, 29, 36, 42, 53 l/m, 57 u, 58 u, 62, U4; (Foto H.-P. Vieser): Titel, 2, 4, 11, 16, 19–22, 23 o, 26–28, 29 u, 30–35, 38–41, 44–46, 48, 50, 51, 53 r, 54, 55, 57 o, 58 o

2. Auflage

Gestaltung: Promo Verlag GmbH, Freiburg
Layout Angelika Kraut
Druck: Poppen & Ortmann Druckerei und Verlag KG, Freiburg

Printed in Germany
ISBN: 978-3-923288-72-4